V&R

Dienst am Wort

Die Reihe für Gottesdienst und Gemeindearbeit

97

Spielszenen für den Gottesdienst

Vandenhoeck & Ruprecht

Spielszenen für den Gottesdienst

Konfirmanden – Jugendliche – Familien

Werner Milstein

Mit 20 Abbildungen

Grafik: Ricarda Milstein

Vandenhoeck & Ruprecht

Werner Milstein, geb. 1955, ist Pfarrer in Rahden/Westfalen.

Gewidmet den Kindern, Jugendlichen und Erwachsenen in meiner Gemeinde, mit denen ich viele Gottesdienste gemeinsam geplant, vorbereitet und gefeiert habe, und nicht zuletzt Rainer Schetschok, von dem ich viel über Familiengottesdienste gelernt habe.

Die Deutsche Bibliothek – CIP-Einheitsaufnahme

Ein Titeldatensatz für diese Publikation
ist bei Der Deutschen Bibliothek erhältlich.

ISBN 3-525-59505-0

Umschlagabbildung:
Friedensbrücke, Entwurf und Ausführung von Katja Warner,
Rahden-Varl

Satz: Weckner Fotosatz GmbH | media+print, Göttingen
Druck und Bindung: Hubert & Co., Göttingen

Inhalt

Vorwort 7

I. FAMILIENGOTTESDIENSTE
Die gemeinsame Feier aller Generationen vor Gott 9

... der ist wie ein Baum 10

In meine Hände habe ich dich gezeichnet 22

Große, kleine Schritte ... – eine Schuhgeschichte 32

Ich bin ganz Ohr 43

Uns blüht der Löwenzahn 52

Wir feiern Geburtstag 62

Sein Haus hat offene Türen 71

II. VORSTELLUNGSGOTTESDIENSTE
Jugendliche gestalten ein Thema 81

Im Labyrinth des Lebens 82

Wir werden sein wie die Träumenden 93

Selig sind, die Frieden stiften 102

Nach den Sternen greifen 112

... weil ich noch immer an das Gute im Menschen glaube –
aus dem Leben der Anne Frank 124

III. LATEINAMERIKA-GOTTESDIENSTE
Verantwortung für die Welt 139

Bei den Mineros von Potosi 140

Dienstmädchen auf Probe 155

Mit anderen Augen 166

Abkürzungen

G.	Gemeinde
Gp.	Gruppe
K.	Konfirmand/in
Kn.	Konfirmandengruppe
Kd.	Kinder
L.	Lektor/in
P.	Pastor/in
S.	Sprecher/in

EG	Evangelisches Gesangbuch
GL	Das große Liederbuch von Rolf Krenzer, 135 religiöse Lieder für Kindergarten, Schule und Gottesdienst, Limburg, ^{3}1993
LJ	Liederbuch für die Jugend. Geistliche Lieder für Schule und Kindergottesdienst, Gütersloh, ^{20}1999
LK	Liederheft für den Kindergottesdienst, hg.v. Westfälischen Verband für Kindergottesdienst, Dortmund, ^{3}1989 (neu bearb.)
MK	Menschens Kinder Lieder, Frankfurt/M., ^{13}1992
ML	Mein Liederbuch für heute und morgen, Düsseldorf, ^{8}1992
PK	Alles, was atmen kann, lobe den Herrn! Psalmen für Kinder, hg. im Auftrag des Rheinischen Verbandes für Kindergottesdienst von Pfarrer E. Richter unter Mitarbeit von W. Dröpper, Hilden 1984 (hat mehrere Bearbeitungen erfahren, grundlegend bleibt diese erste Ausgabe)
SF	Sehnsucht nach dem Fest der freien Menschen. Gebete aus Lateinamerika, hg.v. Antonio Reiser und Paul Gerhard Schoenborn, Wuppertal 1982
TM	Thuma Mina. Singen mit den Partnerkirchen, hg.v. der Basler Mission und dem Ev. Missionswerk in Deutschland, Basel/ Hamburg 1995

Vorwort

Die These vom „Gottesdienst als Mitte des Gemeindelebens" hat in der zurückliegenden Zeit auf vielfache Weise seine Bestätigung erfahren. Man denke nur an die Fülle verschiedenster Gottedienstentwürfe, die in den letzten Jahren erschienen ist. Zum einen belegt sie nach wie vor das Bemühen um lebendige Formen, sei es, dass neue Möglichkeiten ausprobiert oder dass Traditionen wieder entdeckt und in die Liturgie neu einbezogen werden. Zum anderen ist nicht zu übersehen, dass verschiedenste Bereiche, Kreise und Gruppen in das Geschehen des Gottesdienstes hineinwirken. Dass der Kindergottesdienst auch die Liturgie des Erwachsenengottesdienstes bereichert hat, ist seit langem zu beobachten, dies gilt aber ebenso auch von Jugendgruppen, von Friedens- und Eine-Welt-Gruppen, von Männer-, Frauen- wie Seniorenkreisen, von Krabbelgruppen, von Kindergärten, von Konfirmanden und Konfirmandinnen, eben von den unterschiedlichsten Bereichen der Gemeindearbeit, und die Reihe ließe sich immer weiter fortsetzen.

Für alle diese Gruppen wäre der Gottesdienst nicht so wichtig und interessant, wenn er nicht zwei entscheidende Momente miteinander verbände, die ihn einmalig und unverzichtbar machen. Zum einen hat er eine integrative Funktion. Zwar mag er zielgruppenorientiert sein, aber jede Gruppe versteht sich als Teil der gesamten Gemeinde und will innerhalb des Ganzen verstanden und wahrgenommen werden. Gottesdienst ist ein öffentliches Geschehen und ist zum anderen auch ein Geschehen vor und mit Gott. Dass wir mit allem, was uns beschäftigt, uns glücklich und dankbar macht, uns belastet und umtreibt, nicht allein bleiben, sondern vor Gott treten können, ihm uns anvertrauen und auf seinen Beistand hoffen dürfen, macht den Gottesdienst unvergleichlich und unersetzlich.

Die Klage über zurückgehende Besucherzahlen hat das Wort vom „Gottesdienst als Mitte des Gemeindelebens" letztlich nicht in Frage stellen können. Das Bemühen um den Gottesdienst hat seine wesentliche Bedeutung noch einmal deutlicher in den Blick treten lassen. Die verschiedenen Entwürfe zeigen Wege, all die Möglichkeiten und Chancen zu nutzen und daran viele teilhaben zu lassen.

So verstehen sich die in diesem Band zusammengestellten Modelle ebenfalls als ein Beitrag zu einem lebendigen Gottesdienst. Sie sind in der Zusammenarbeit mit verschiedenen Kreisen entstanden, mit dem großen Engagement vieler, vor allem ehrenamtlicher Gemeindeglieder. Mit starkem Einsatz haben wir gemeinsam die Gottesdienste vorbereitet und mit viel Freude haben wir sie in der Gemeinde gefeiert. Beides, die Vorbereitung wie die Gottesdienste selbst, möchte ich nicht missen, darum widme ich dieses Buch all den Mitarbeiterinnen und Mitarbeitern in meiner Gemeinde. Die Modelle dokumentieren unsere Überlegungen und Versuche, aber auch unsere Beschäftigung und Auseinandersetzung mit anderen Anregungen und Ausarbeitungen zu den einzelnen Themen. So sollen auch unsere Vorschläge zugleich die Einladung sein, sich von unseren Entwürfen anregen zu lassen, selbst auszuprobieren und weiterzudenken. Unsere Erfahrung ist, dass es sich lohnt, sich immer wieder lohnt.

Im Mittelpunkt des Gottesdienstes stehen Anspieltexte. Durch sie erhalten die jeweiligen Themen ihre lebendige Form, sie wollen Aussagen in Szenen übertragen, suchen Zustimmung und Auseinandersetzung, sie deuten und bündeln, und sie bringen ihr Anliegen vor Gott.

Wir hoffen, dass die Freude und der Ernst am Schreiben, Sprechen und Spielen der Szenen deutlich und nachvollziehbar wird. Praktische Hinweise werden jeweils am Anfang des einzelnen Gottesdienstes gegeben. Der erste Gottesdienst jedes Abschnitts ist stets breiter ausgeführt, liturgische Texte können aber auch jeweils in die anderen Entwürfe übernommen werden. Die Liedvorschläge sind in der Regel den gängigen Liederbüchern entnommen, so dass sie sich leicht finden lassen. Jedes Modell hat ein eigenes Symbol, das für die Einladungen, für die Programme, aber auch zum Teil für die Requisiten genutzt werden kann.

I Familiengottesdienste
Die gemeinsame Feier aller Generationen vor Gott

Die Einsicht hat sich längst durchgesetzt: Erwachsenengottesdienst und Kindergottesdienst gehen von verschiedenen Voraussetzungen aus und der eine führt nicht automatisch zum anderen hin, sondern beide Formen haben als Gottesdienst ihre Bedeutung in sich. Aber es hat sich daneben eine dritte eigenständige Form entwickelt, die des gemeinsamen Feierns von Erwachsenen und Kindern – der Familiengottesdienst.

Dabei ist nicht zu übersehen, dass sich dabei besonders der Kindergottesdienst eingebracht hat. Das beginnt bereits beim Vorbereitungskreis, der mit viel Kreativität und Mut Ideen umsetzt, der über ein hohes Engagement und in der Regel auch über große Erfahrung verfügt.

Keine Gottesdienstform hat eine so große integrative Kraft wie der Familiengottesdienst. Es ist mit Recht des Öfteren darauf hingewiesen worden, dass dieser Gottesdienst nicht auf Familien beschränkt ist, dass er ebenso Paare wie Einzelpersonen einbezieht, dass zu ihm Jugendliche ebenso selbstverständlich gehören wie Kinder und Erwachsene. Es geht im Grunde also um die gemeinsame Feier aller Generationen vor Gott.

Die Entwürfe in diesem Kapitel gehen von dieser integrativen Funktion des Familiengottesdienstes aus. So behandeln viele Themen das Zusammenleben der verschiedenen Generationen, sie wollen zum Nachdenken anregen und daneben auch Möglichkeiten der Verständigung aufweisen.

Im Mittelpunkt aber steht die Feier der Gegenwart Gottes. Dass Leben immer nur ein gemeinsames sein kann, gehört ebenso zu den Grundbedingungen unserer Existenz wie die Erfahrung, dass es nur in der Verbundenheit mit Gott sein Ziel finden kann.

Die Gottesdienstfeier überschreitet dabei zugleich die Bedingungen unseres Lebens und gibt uns eine Ahnung davon, was Gott mit uns und der Welt vorhat. Dieser Ausblick vermittelt wiederum neue Einsichten für unser Zusammenleben. Von der Hoffnung auf eine gute gemeinsame Zukunft leben Kinder wie Jugendliche und auch Erwachsene.

… der ist wie ein Baum

Symbol
Baum

Leitgedanke
Generationen leben zusammen und wachsen zusammen

Biblischer Bezug
Psalm 1

Personen
Pastor/in, fünf Sprecher/innen für die Anspiele, weitere Sprecher/innen für die „Worte im Wechsel"

Materialien
- eine Wanne mit Erde, ein kahler Baum – farbige Papierstreifen
- Tonpapier
- aus Papier ausgeschnittene Blätter und Früchte
- OH-Projektor
- Folien:
  1: „Tiere im Wald und unter der Erde" (muss aus einem Bilderbuch zur Naturkunde angefertigt werden)
  2: „Baumscheibe" (handgezeichnete Skizze einer Baumscheibe)
- Babuschka-Holzpuppe (für die Predigt)
- Stifte

Vorbereitung
Auf die Papierstreifen wird der 1. Psalm geschrieben; aus Tonpapier werden verschiedene Blätter/Früchte ausgeschnitten (entsprechend der Zahl der erwarteten Gottesdienstbesucher/innen); auf Folie 1 kopieren wir eine Seite aus einem Naturkunde-Bilderbuch (z.B. „Die Walduhr"): Tiere im Wald und unter der Erde; auf Folie 2 skizzieren wir den Querschnitt eines Baumstammes: Jahresringe.

Für den Gottesdienst sind Textblätter erforderlich, auf denen die Lieder sowie die im Folgenden mit „Gp" bezeichneten Texte zum Mitsprechen abgedruckt sind.

Die Sprecher/innen erhalten Kopien von **M 1–3**, markieren und proben ihre „Rollen".

In der Kirche liegen in jeder Reihe mehrere bunte Stifte bereit; die Wanne mit der Erde steht – abseits – im Altarraum, dahinter liegt – unsichtbar – der kahle Baum. Die Babuschka-Puppe steht auf der Kanzel/am Lesepult. Ein Overhead-Projektor wird so aufgestellt, dass die Folien für alle sichtbar an eine weiße Wand projiziert werden können.

Variante

Wenn dieser Familiengottesdienst im Kindergottesdienst vorbereitet wird, können bei dieser Gelegenheit auch bereits einige der Blätter und Früchte mit „Früchten des Lebens“ beschriftet und dann in den Gesamtgottesdienst mit eingebracht werden.

Literatur

- Irmgard Lucht: Die Wald-Uhr. Das Jahr des Waldes mit seinen Pflanzen und Tieren, München 1987.
- Gertrud Höhler: Die Bäume des Lebens. Baumsymbole in den Kulturen der Menschheit, Stuttgart 1985.

Dieser Familiengottesdienst ist als Pfingstgottesdienst konzipiert, kann aber abgewandelt an jedem anderen Sonntag gefeiert werden. Er verbindet über das Symbol „Baum“ das Nachdenken über die eigene Lebensgeschichte mit dem Zusammenleben von verschiedenen Generationen. Dabei werden die unterschiedlichen Aspekte, die das Baumsymbol enthält, entfaltet. Der Entwurf kann leicht realisiert werden, er benötigt eine nur geringe Vorbereitungszeit. Der gemeinsam gestaltete Baum sollte noch einige Zeit in der Kirche oder im Vorraum stehen bleiben, so können die Gottesdienstbesucher/innen die Aufschriften der Blätter und Früchte vollständig lesen. Nicht zuletzt erinnert der Baum an mein eigenes Wachsen im Glauben und an das Zusammenwachsen der Generationen.

Zum Anfang

VORSPIEL UND BEGRÜSSUNG

LIED

Weil Gottes Welt so schön ist (GL 13)

EINGANGSWORT

WORTE IM WECHSEL / GEBET

S. 1: Wir feiern miteinander Gottesdienst.
Gottes Geist will in allen Herzen wohnen.

S. 2: Wir feiern miteinander Gottesdienst.
Gottes Geist verbindet alle Menschen zu seiner Kirche.

P.: Wir feiern gemeinsam Gottesdienst.
Gottes Geist schenkt uns Frieden.

G.: Amen.

S. 1: Wie war das damals am Anfang als alles begann? Die Menschen verstanden sich. Sie sprachen alle dieselbe Sprache.

S. 2: Wir reden oft wie in anderen Sprachen. Wir reden aneinander vorbei, Männer und Frauen, Eltern und Kinder, Großeltern und Enkel, Bekannte und Verwandte, Freunde und Nachbarn, Lehrer und Schüler, Kollegen, verständnislos, anklagend oder fordernd.

P.: Wie gut wäre es, wenn wir einander verstehen würden.
Wir bitten Gott um seine Gegenwart, wir beten:
Guter Gott, sende deinen Geist zu uns.

S. 1: Öffne unsere Ohren, damit wir einander zuhören.

S. 2: Öffne unsere Augen, damit wir einander ansehen.

S. 1: Öffne unseren Mund, damit wir miteinander reden.

S. 2: Öffne unsere Herzen, damit wir in Frieden zusammenleben.

P.: Guter Gott, sende deinen Geist zu uns, damit wir einander verstehen und miteinander zurechtkommen im Sinne Jesu Christi, deines Sohnes.

G.: Amen.

P.: Wo Gottes Geist weht, da entsteht Glaube, da gibt es Leben, da blühen Menschen auf. Gottes Geist gibt Mut und schenkt Hoffnung.

Alte Wunden heilen und die Augen beginnen wieder zu leuchten.
Aus Mauern werden Brücken, die Nacht wird hell, aus dem Grau sprießt frisches Grün.
Hoffnung heißt das Leben, das uns blüht. Gottes Geist verwandelt das Leben und alle Knospen springen auf, fangen an zu blühen, heute und überall.

LIED

Alle Knospen springen auf (LfJ 472)

Zum Hineinkommen

ANSPIEL

Uns nährt die Erde (**M 1**)

Die Anspiele **M 1–3** sollten von denselben Sprecher/inne/n (1–5) gesprochen werden. Zwei Sprecher/innen treten auf und beginnen eine Unterhaltung über die Leben spendende Kraft der Erde. Sprecher 3 sitzt zwischen den Gottesdienstbesuchern und mischt sich später in das Gespräch. Kinder aus der Gemeinde benennen anhand der *Folie 1* eine Vielzahl von Tieren, die auf und in der Erde zu finden sind.

Das Anspiel verdeutlicht, dass die scheinbar so profane Erde viele wichtige Nährstoffe enthält, die alle Lebewesen brauchen – und dass „Erde" daher auch ein Symbol sein kann für die Grundbedürfnisse des Menschen.

LIED

Kommt, wir pflanzen den Hoffnungsbaum (LK, C 13)

ANSPIEL

Der Lebensbaum (**M 2**)

Während des Liedes wird der Baum in die Erde gesteckt. Nach dem Lied kommen Sprecher 4 und 5 nach vorn und bestaunen den Baum. Sprecher 1 und 3 sitzen zunächst zwischen den Gottesdienstbesuchern; Sprecher 1 hat das Band mit den Psalmworten bei sich; er regt an, den Baum symbolisch damit zu schmücken.

Im Mittelpunkt steht nun der Baum, d.h. zunächst einmal nur der Stamm. Das Anspiel veranschaulicht, dass der Stamm dem Baum seinen Halt gibt, von ihm aus verzweigt er sich immer mehr. Der Psalm 1 beschreibt mit dem Bild des Baumes das Leben des gläubigen Menschen. Die Sprecher erkennen: Psalmworte können zum Halt werden. Das Anspiel endet mit Worten des 1. Psalms, die die Gemeinde im Wechsel mitbetet.

WORTE IM WECHSEL nach Psalm 1

Alle: Wer Gott vertraut, der ist wie ein Baum, der Wasser zum Leben in Fülle hat.
Gp. 1: Der ist glücklich dran, der nicht auf den Rat der Gottlosen hört,
Gp. 2: der den Weg der Bösen nicht betritt und nicht mit den Spöttern lästert.
Alle: Wer Gott vertraut, der ist wie ein Baum, der Wasser zum Leben in Fülle hat.
Gp. 1: Der ist glücklich dran, der den Rat Gottes bedenkt, der sich an seinen Weisungen freut, und darüber nachdenkt jeden Tag.

Alle: Wer Gott vertraut, der ist wie ein Baum, der Wasser zum Leben in Fülle hat.

Gp. 2: Der ist wie ein Baum voller Saft und Kraft, an Bächen mit viel Wasser ist sein Platz, Frucht bringt er zu seiner Zeit und was er in die Hand nimmt, gelingt.

Alle: Wer Gott vertraut, der ist wie ein Baum, der Wasser zum Leben in Fülle hat.

Gp. 1: Die Gottlosen aber sind leicht wie die Spreu, der Wind wird sie in alle Richtungen verwehen.

Gp. 2: Gott achtet auf den Weg der Gerechten, der Weg der Gottlosen aber vergeht.

Alle: Wer Gott vertraut, der ist wie ein Baum, der Wasser zum Leben in Fülle hat.

„Gp. 1/2" bedeutet, dass die Gemeinde in zwei Gruppen spricht.

Lied

Irgendwo im weiten Raum (LJ 570,1-2)

Anspiel

Am Baum wachsen Blätter und reifen Früchte (**M 3**)

Nochmals treten Sprecher 1 und 2 auf und führen das Gespräch über den Baum fort. Sprecher 3 sitzt zunächst bei den Gottesdienstbesuchern, mischt sich später ein. Es geht jetzt um Zweige, Blätter und Früchte, die den Baum lebendig und wirksam werden lassen. Das Anspiel öffnet sich schließlich für die Gemeinde, mit einer Einladung zum Mitmachen.

Die Blätter und Früchte des Baumes werden zum Symbol für das Zusammenleben der Generationen. Aus der Mitte des Glaubens heraus wachsen und reifen wir, empfangen wir und geben wir weiter, teilen wir die Erfahrungen und die Hoffnungen. Zeichenhaft wird das in der nun folgenden Aktion, dem Schmücken des Baumes, deutlich.

Aktion

Früchte des Lebens

Das vorbereitete Laub/Obst wird verteilt; die Gottesdienstbesucher/innen werden gebeten, es mit „Früchten des Lebens" im übertragenen Sinn, mit dem, was sie ihren Nachkommen weitergeben wollen, zu beschriften. Kinder/Helfer hängen die fertigen Früchte an den Baum.

Lied

Irgendwo im weiten Raum (LJ 570,3)

Zum Weiterdenken

P. fasst den Ertrag des Anspiels zusammen und führt ihn – mit Hilfe der *Babuschka-Puppe* – weiter:

Das Bild des Baumes ist ein beliebtes Symbol für das menschliche Leben. Was wir erleben, steckt in uns und begleitet uns. Wie die Ringe eines Baumes legen sich auch bei uns die Jahre übereinander. Wir zehren von den Erfahrungen, wir leben vom Glauben. Der Baum ist das Symbol unseres ständigen Angewiesenseins auf die Umwelt, auf die Menschen um uns und nicht zuletzt auf Gott.

Diese Holzpuppe nennt man in Russland „Babuschka". Mit ihr hat es etwas Besonderes auf sich, man kann sie nämlich öffnen. Und was befindet sich in ihr? Mal sehen. (P. öffnet die Babuschka) Aha, noch eine Holzpuppe. Die stelle ich daneben. Aber wenn ich genau hinsehe, ja, dann kann man auch diese Figur wieder öffnen. So jetzt haben wir drei Holzpuppen. Ob das noch so weiter geht? Tatsächlich. Das ist ja praktisch, da hat man gleich mehrere Puppen mit einem Mal. Wie die Orgelpfeifen stehen sie da. Ein schönes Spielzeug, nicht nur für Kinder.

Das Kind im Manne, sagt man ja auch, wenn Erwachsene, vor allem Männer, spielen. Aber Spielen ist ja nicht nur etwas für Kinder, denn wer spielt, denkt sich etwas aus, der ist kreativ, der hat Phantasie. „Das Kind im Manne" – schön, wenn das so ist. Manche Väter und Großväter lernen das Spielen wieder mit ihren Kindern und Enkeln oder erinnern sich wieder an die Spiele, die sie selbst einmal gespielt haben. Das vergisst man nicht, überhaupt staunt man, was man alles behält, gerade aus der Kinderzeit. Das sind die Jahre, die den Menschen am meisten prägen.

Das Kind im Manne – aber unsere Babuschka ist eigentlich eine Frau. Das „Kind in der Frau" müsste es eigentlich heißen, denn Mütter und Großmütter spielen doch auch gerne. Ich finde, es gilt für Männer und Frauen, für Jungen und Mädchen gleichermaßen. Das, was man als Kind erfahren und gelernt hat, das vergisst man nie, das nimmt man mit, das steckt praktisch in einem drin. Ich staune immer wieder, wenn die Älteren noch all die Gedichte auswendig aufsagen können, die sie einmal in der Schule gelernt haben. Aber auch das Schreiben und Lesen, das Rechnen und die Fremdsprachen und vieles andere, was man einmal gründlich gelernt hat, das behält man ein Leben lang.

Aber nicht nur das Wissen aus der Schule behält man, auch die Erfahrungen, die man im Leben macht, begleiten einen, die schönen Erlebnisse und die Enttäuschungen. Über manches kommt man wieder hinweg, aber es steckt in einem drin, die Erfahrung der Enttäuschung und wie man damit fertig geworden ist, wie man das geschafft hat, das es einen nicht mehr so ärgert, das man nicht immer daran denken muss. So wächst man, von innen nach außen, wie ein Baum, das kann man sogar richtig sehen.

(Folie 2 „Baumscheibe" wird aufgelegt)

So ähnlich sieht das im Grunde auch in uns Menschen aus. Da gibt es gute und schlechte Jahre. Beide gehören zum Leben dazu. In den guten wie in den schlechten Jahren wächst unser Leben. „Ich lebe mein Leben in wachsenden Ringen", hat der Dichter Rainer Maria Rilke einmal gesagt. Erwachsene vergessen das leicht, dass auch sie einmal Kind waren und dass sie ihre Kindheit in sich tragen. Niemand kann seine Lebensgeschichte so einfach abtun und abstreifen. Sie gehört zu unserem Leben dazu und erst wenn viele dieser Wachstumsringe sich übereinander legen, dann bekommt unser Leben Festigkeit und Halt. So wird unser Leben zu einem starken Baum.

...der ist wie ein Baum – so heißt es im ersten Psalm. Und damit ist der Mensch gemeint, der an Gott glaubt. Denn wie der Baum, so ist auch der Mensch auf Gott angewiesen, Der Baum braucht Sonne und Regen, Wind und Wärme um zu wachsen. Und wir brauchen Liebe und Verständnis, das Vertrauen, dass Gott über uns seine Hand hält. Dann können wir uns von Herzen über das Schöne in unserem Leben freuen, über einen herrlichen Sommertag, ein schönes Gespräch, über eine gute Note in der Schule, über die Welt um uns herum und über die Menschen, die es gut mit uns meinen. Aber auch, wenn wir einmal am Boden zerstört sind, wenn wir nicht mehr wissen, wie es weitergehen kann und soll, hilft uns ein freundliches Wort, eine herzliche Geste, ein verständnisvoller Blick, ein guter Rat, dann bekommen wir wieder Mut. Gott lässt uns nicht fallen. Gott lässt uns wachsen in guten wie in schlechtern Jahren gleichermaßen.

Das Kind im Manne – das Kind in der Frau – für Gott bleiben wir Kinder, seine Kinder, denn er will für uns sorgen wie ein Vater, wie eine Mutter. Davon hat Jesus viel erzählt, das hat er seinen Zuhörerinnen und Zuhörern immer wieder gesagt. „Macht euch nicht zu viele Sorgen. Gott sorgt schon für euch." Gott ist da, wo Menschen leben, lieben und hoffen, ob als Kind oder Erwachsener, ob in guten oder in schlechten Jahren, ob heute oder morgen. Gott lässt seine Sonne über uns scheinen und wir sollen wachsen in immer neuen Ringen, auf dass wir werden wie ein starker Baum, der viele Früchte bringt.

LIED

Geh aus mein Herz und suche Freud (EG 503,1-3+14)

Zum Abschluss

WORTE IM WECHSEL

S. 1: Vor Gott bringen wir unsere Bitten.

S. 2: Gott, wie ein Baum möchte ich sein. Ein Baum hat starke Wurzeln. Wir brauchen Menschen, auf die wir uns verlassen können, wir brauchen gute Worte, die uns Kraft geben. Davon leben wir, dass Eltern uns mögen, Kinder uns vertrauen, andere uns verstehen. Wenn mir etwas passiert, das mich umwerfen will, dann lass mich der Wurzel trauen, die mir Halt gibt, lass mich dem Boden vertrauen, den du, Gott, uns bereitet hast.

S. 1: Gott, wie ein Baum möchte ich sein. Ein Baum hat viele Zweige. Ich möchte mich ausstrecken auf andere Menschen zu. Wir denken an die Menschen, die Zuneigung und Verständnis brauchen, die auf Hilfe und Beistand angewiesen sind. Gib, dass wir uns ihnen entgegenstrecken, ihre Not erkennen und ihnen helfen.

S. 2: Gott, wie ein Baum möchte ich sein. Ein Baum hat Blätter, Blüten und Früchte. Ich möchte, dass Neues in mir aufbricht, damit mir das Leben blüht. Wir träumen davon, dass uns gelingt, was wir planen und beginnen. Wir hoffen auf eine Welt ohne Hass und Zerstörung, ohne Ungerechtigkeit zwischen den Menschen. Wir möchten treu und verlässlich sein und anderen gute Freunde werden.

G.: Vater unser …

LIED

Segne uns mit der Weite des Himmels (LJ 416)

HINFÜHRUNG ZUM SEGEN

P.: Gott sei mit euch, heute und morgen, im Sturm und im Regen, wenn Zweifel und Sorgen an euch zehren, er sei mit euch bei Hitze und Trockenheit, wenn ihr müde und erschöpft seid. Gott gebe euch seinen Beistand Kraft und Mut, Fülle und Glück. Sein Segen wird euch geleiten.

SEGEN UND NACHSPIEL

Uns nährt die Erde **M1**

Regiehinweis:
Die folgenden Anspiele sollten möglichst von denselben Sprecher/inne/n gesprochen werden.

S(precher/innen) 1–3

S. 1 geht zu einer großen Wanne und versucht sie vor den Altar zu ziehen, schafft es aber nicht und winkt darum S. 2 zu. S. 2 kommt unsicher nach vorn und hilft nach einigem Zögern mit, die Wanne vor den Altar zu ziehen.

S. 2: Was ist denn da drin?
S. 1: Erde.
S. 2: Erde?
S. 1: Ja, Erde.
S. 2: Besondere Erde, Blumenerde oder so?
S. 1: Nein, ganz gewöhnliche Erde.
S. 2: Und was willst du damit?
S. 1: Naja, es heißt doch heute „und der ist wie ein Baum". Und damit beginnt es doch!
S. 2: Was? Das musst du mir genauer erklären.
S. 1: nimmt eine Handvoll Erde Eine Handvoll Erde – nichts Besonderes, und trotzdem: Wir alle leben von dieser Erde.
S. 2: Ach ja.
S. 1: Ohne diese Erde könnte nichts wachsen, ohne diese Erde gäbe es kein Getreide und kein Brot, keine Sträucher und keine Blumen, kein Gemüse und keine Früchte, gäbe es keine Wälder und keinen einzigen Baum.
S. 2: „... der ist wie ein Baum" – langsam verstehe ich dich.
S. 1: Aber nicht nur wir Menschen leben von der Erde, schau mal!

Folie 1 wird einblendet „Tiere im Wald und unter der Erde"

S. 2: So viele Tiere leben auf und unter der Erde!
S. 1: Da braucht man schon ganz genaue Augen. Ich denke, die Kinder sehen am besten, was es da alles für Tiere gibt.

Kinder kommen nach vorn und nennen einige der Tiere auf dem Bild

S. 2: Aber es gibt noch viel mehr Tiere in der Erde. Da braucht man ein Mikroskop, um sie zu erkennen, so winzig sind sie. Und doch sind sie alle sehr wichtig, denn sie sorgen dafür, dass der Boden locker und fruchtbar bleibt.

S. 1: Naja, das ist Geschmackssache. Aber wenn man immer unter der Erde leben muss, … Nun, ohne diese Tiere und auch die Nährstoffe, wie die Mineralien zum Beispiel, könnte hier nichts wachsen.

S. 2: Und Regen braucht der Boden auch.

S. 1: Da sind dann auch wieder viele Nährstoffe enthalten, die dann in die Erde sickern.

S. 2: Toll, was so alles in der Erde steckt, in dieser einfachen und ganz normalen Erde.

S. 3: steht auf und kommt nach vorn Mir ist noch ein ganz anderer Gedanke gekommen, als ich euch zugehört habe. „Die Erde von der wir leben", das kann man auch im übertragenen Sinn meinen.

S. 2: Im übertragenen Sinn?

S. 3: Nun, nicht so ganz wortwörtlich, mehr in der Bedeutung von … so im Sinne … im übertragenen Sinn eben.

S. 1: Ich denke, ich weiß, was du meinst. Wie die Erde den Nährstoff für die Pflanzen hat, so hat der Boden, auf dem wir leben auch die Nährstoffe für uns Menschen.

S. 3: Die Erde ist, wenn man so will, unsere Heimat. Zu ihr gehören unsere Eltern und Großeltern, unsere Nachbarn und Freunde.

S. 2: Auch die Schule?

S. 3: Natürlich. Und die Vereine und die verschiedensten Gruppen, auch die Sprache und die Lieder und noch vieles mehr.

S. 1: Lieder! Ich finde, wir sollten jetzt ein Lied singen …

Der Lebensbaum **M2**

S(precher/innen) 1, 4 und 5

Während des Liedes wird der Baum in die Erde gesteckt. Nach dem Lied kommen S. 4 und S. 5 nach vorne und bestaunen den Baum.

S. 4: Der ist aber schön gewachsen!

S. 5: Ich weiß noch, wie er so zeigt klein war.

S. 4: Und was hatte dieser kleine Baum nicht alles durchzumachen. Erinnerst du dich noch an den Sturm im letzten Jahr?

S. 5: Natürlich, bei uns zu Hause sind fünf Dachpfannen heruntergefallen. Puh, das war ein Sturm gewesen!

S. 4: Aber der kleine Baum hat das ausgehalten.

S. 5: Er hat eben kräftige Wurzeln.
S. 4: Und einen kräftigen Stamm.
S. 5: Und dann noch der trockene Sommer.
S. 4: Da hat der Baum viel Feuchtigkeit gespeichert, vorher. Auch im Stamm.
S. 5: Der Stamm ist doch sehr wichtig.
S. 4: Manche schnitzen auch etwas in den Stamm. Hast du ein Taschenmesser dabei?

S. 5 sucht in seinen Taschen, S. 1 steht entsetzt auf

S. 1: Halt! Stopp! Macht das bloß nicht! Ihr beschädigt die Rinde! Die Rinde schützt doch den Baum. Ihr wollt doch auch nicht, dass euch einer in die Haut ritzt!
S. 5: Entschuldige, du hast ja recht.
S. 1: Und außerdem ist das ein besonderer Baum!
S. 4: Ich weiß, es ist ein Maibaum!
S. 5: Oder ein Familiengottesdienstbaum!
S. 1: Auf jeden Fall ist es unser Baum!
S. 4: Da musst du ihn aber auch schmücken.
S. 1: Da hast du eigentlich Recht.
S. 5: Habt ihr nicht ein buntes Band? Das macht man doch so, oder nicht?

S. 3 kommt wieder nach vorn

Am Baum wachsen Blätter und reifen Früchte **M3**

S(precher/innen) 1–3

S. 2: Ich will ja nichts sagen, aber etwas bescheiden sieht unser Baum immer noch aus.
S. 1: Aber wir haben ihn doch geschmückt!
S. 2: Es ist doch kein bisschen Grün am Baum. Und dabei haben wir doch mittlerweile Mai. „Der Mai ist gekommen, die Bäume schlagen aus" – noch nie davon gehört?
S. 1: Ja, du hast ja Recht!
S. 3: kommt ganz vorsichtig nach vorn Wenn ich mich noch einmal einmischen darf.
S. 1: Aber natürlich, du hast immer so gute Ideen.

S. 3: Wir feiern ja heute Familiengottesdienst und das kann man am Baum auch gut deutlich machen, denn der Baum braucht ja nicht nur starke Wurzeln und einen festen Stamm, sondern auch neue Triebe und frisches Grün.

S. 2: Du denkst an den Stammbaum.

S. 3: So ähnlich.

S. 1: Gut, die Jüngeren sind die Blätter, und die Älteren?

S. 3: Eigentlich sind sie ja die Wurzel, der Stamm und die starken Äste. Aber ich finde, sie können auch die Früchte symbolisieren.

S. 2: „An ihren Früchten sollt ihr sie erkennen", hat Jesus einmal gesagt.

S. 1: Die Frucht des Lebens, sagt man auch. Und die kann ganz verschieden aussehen. Darum haben wir auch ganz verschiedene Früchte mitgebracht.

S. 2: Aber mir fehlt da noch etwas. Worin kann die Frucht des Lebens bestehen? Was kann die ältere Generation an die jüngere weitergeben. Was möchten sie ihren Kindern und Enkeln weitergeben, ihren Nichten und Neffen, ihrer Familie? spricht die Gottesdienstbesucher an Schreiben Sie das einfach auf die Früchte, die wir nun verteilen.

Vorbereitete Früchte aus Papier werden zusammen mit Stiften im Gottesdienst verteilt

S. 1: Die Kinder haben im Kindergottesdienst bereits ihre Blätter beschriftet. Sie haben darauf geschrieben, was sie für ihr Leben brauchen und sich für ihr Leben wünschen von den Eltern und Großeltern, von Onkeln und Tanten, von der ganzen Familien und von allen, die ihnen wichtig sind.

In meine Hände habe ich dich gezeichnet

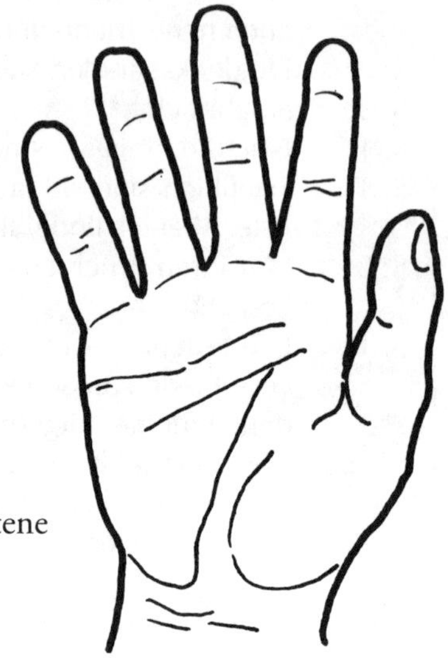

Symbol
Hände

Leitgedanke
Menschenhände – Gottes Hände

Biblischer Bezug
Jesaja 49,16

Personen
Pastor/in, 5 Sprecher/innen

Materialien
- aus farbigem Karton ausgeschnittene Papierhände
- schwarzes Tuch
- weiße Pantomimenfarbe
- evtl. Orff-Instrumente
- Folie mit Kind in Gottes Hand (**M 4**)
- OH-Projektor
- Stifte

Vorbereitung

Die Sprecher/innen erhalten **M 1–3**, markieren und proben ihre Rollen. Die Kindergottesdienstkinder üben eine Pantomime ein – evtl. mit Hintergrundmusik durch Orff-Instrumente – zu Mk 10, 13-16, „Jesus segnet die Kinder".

Beispiel: Pastor/in liest Vers für Vers, die Kinder inszenieren mit großen Gesten: Jesus in der Mitte, Kinder in Bitt-, Jünger in Abwehrhaltung, Jesus schiebt die Jünger weg, winkt die Kinder heran, legt ihnen segnend die Hände auf. (Orff-Instrumente untermalen: leise, liebevoll – abwehrend, grob.)

In der Kirche liegen Stifte in jeder Bankreihe; im Altarraum befindet sich eine große Stell-/Pinnwand. Die Papp-Hände und das Tuch liegen beim Altar. OH-Projektor und Projektionswand sind vorbereitet.

Literatur/Hinweise

Siegfried v. Kortzfleisch, Hände erzählen. Auf lebendige Zeichen hören, Hamburg 1989

Es gibt kaum einen Begriff, zu dem sich so viele Redewendungen finden lassen, wie zum Thema „Hand“. Mit den Händen machen wir die ersten elementaren Erfahrungen unseres Lebens, zugleich erleben wir sie in ihrer Ambivalenz. Unsere Hände sind zum Guten ebenso geschickt wie zum Bösen. In der Bibel wird die Hand zum Symbol der Gegenwart Gottes. Sie beschützt und bewahrt, sie segnet. Der Familiengottesdienst „In meine Hände habe ich dich gezeichnet“ gilt der Zusage Gottes, dass wir in seiner Hand geborgen sind. Sowohl hinsichtlich der Vorbereitung als auch der benötigten Materialien ist der Gottesdienst ohne großen Aufwand zu realisieren.

Zum Anfang

VORSPIEL UND BEGRÜSSUNG

ANSPIEL

Zwei neugierige Gottesdienstbesucher (**M 1**)

Die Sprecher/innen in den Anspielen führen durch den Gottesdienst, sie fragen nach, kommentieren und denken auch weiter. In diesem Anspiel sollen sie Interesse und Neugierde auf das Thema wecken. Sie kommen während ihrer Unterhaltung vom Eingang her wie verspätete Gottesdienstbesucher/innen durch den Mittelgang nach vorn.

LIED

Wer hat mich erweckt (MK 61)

EINGANGSWORT

WORTE IM WECHSEL

nach Psalm 139 (PK 70)

GEBET

P.: Guter Gott, mit leeren Händen stehen wir vor dir, wir haben nichts, was wir dir geben könnten, außer uns selbst mit unseren Hoffnungen und Wünschen. Mit offenen Händen kommen wir zu dir und bitten dich, fülle sie mit deinem Wort. Rede zu uns und sprich uns an, darum sind wir heute morgen hier, um zu hören, was du uns sagen willst. Wir bitten dich, lass uns aufmerksam sein.

LIED

Gott hält seine Hand über mir (LJ 540)

Zum Hineinkommen

ANSPIEL

Was Hände können (**M 2**)

Die Sprecher/innen (S. 1-3) haben zwischen den Gottesdienstbesucher/inne/n gesessen, S. 1 und S. 2 stehen jetzt auf und kommen nach vorn, um Einspruch zu erheben. S. 3 tritt später hinzu. Es geht hier um die Frage, was Hände im Gottesdienst – und auch sonst – bedeuten:

Die Hände sind das Handwerkszeug des Menschen, er kann mit ihnen aufbauen und einreißen, heilen und zerstören.

Die Sprecher/innen beziehen die Gemeinde ein, indem sie die folgende Aktion, Verteilen, Beschriften, Präsentieren der vorbereiteten Hände, einleiten, begleiten und kommentieren:

AKTION

Die Gottesdienstbesucher/innen erhalten Papp-Hände und beschriften sie mit Handlungen; die fertigen Hände werden eingesammelt und an die Pinnwand geheftet.

LIED

Ich gebe dir die Hände (GL 119)

ANSPIEL

Wortspiele und Redewendungen (**M 3**)

Sprecher 3 steht am Altar; Sprecher 2 sprechen ihn an und verwickeln ihn inassoziative Wortspielereien mit dem Begriff „Hand“. Sie leiten zur anschließenden Pantomime über.

Die Bedeutung von Begriffen lässt sich leicht an den Redewendungen deutlich machen, die es zu ihm gibt. Sie beleuchten die verschiedenen Aspekte und mit einer wahren Entdeckerfreude fallen einem immer mehr ein. Es gibt kaum ein Wort, das so viele Redewendungen und Wortkombinationen kennt wie der Begriff „Hand“.

VORFÜHRUNG

Die Segnung der Kinder

Die Sprecher/innen treten zurück und breiten das schwarze Tuch aus; es bildet den Hintergrund der Vorführung. Die Kindergottesdienstkinder präsentieren davor ihre großen Gesten (s.o., Vorbereitung).

Hände spielen eine zentrale Rolle in der Erzählung von der Kindersegnung. Und sie lässt sich sehr eindrücklich mit den Händen erzählen. Begleitet von dem Pantomimenspiel der Kinder wird das Evangelium erzählt.

Jesus spricht zu den Menschen. Er erzählt von Gott und seiner Liebe zu den Menschen. Da bringen Leute Kinder zu Jesus. Sie wollen, dass Jesus die Kinder segnet. Die Jünger gehen dazwischen. Sie wehren die Leute ab. Jesus sieht das und er wird ärgerlich. Er sagt zu den Jüngern:

„Lasst die Kinder zu mir kommen und wehret ihnen nicht; denn solchen gehört das Reich Gottes. Wahrlich, ich sage euch: Wer das Reich Gottes nicht empfängt wie ein Kind, der wird nicht hineinkommen." Dann geht Jesus zu den Kindern, drückt sie an sein Herz, legt ihnen die Hände auf und segnet sie.

LIED

Du bist da, wo Menschen heilen; du bist da, wo Heilung ist.
Du bist da, wo Hände heilen; du bist da, wo Heilung ist.
Du bist da, wo Menschen helfen; du bist da, wo's Hilfe gibt.
Du bist, wo Hände helfen; du bist da, wo's Hilfe gibt.
Du bist da, wo Menschen trösten; du bist da, wo Beistand ist.
Du bist da, wo Hände trösten; du bist da, wo Beistand ist.
Du bist da, wo Menschen segnen; du bist da, wo Segen wirkt.
Du bist da, wo Menschen segnen; du bist da, wo Segen wirkt.

(Melodie: MK 42)

Zum Weiterdenken

P. fasst den Ertrag aus Anspiel/Aktion/Vorführung zusammen und führt weiter:

Manche Menschen meinen, in der Hand die Zukunft lesen zu können. Der Gedanke ist weit verbreitet. „In meine Hände habe ich dich gezeichnet", heißt es bei Jesaja und damit ist ganz anderes gemeint. Wir sind bei Gott angeschrieben und wer in seiner Hand ist, der ist behütet.

Es gibt Menschen, die können aus der Hand lesen. Zumindest meinen sie das. Sie schauen sich eine Handfläche an und deuten die Linien. Die lange Linie, die fast über die ganze Handfläche geht, das ist die Lebenslinie. Daran lässt sich die Zukunft des Menschen ablesen. Und viele Menschen glauben daran.

Ich glaube nicht daran, denn kein Mensch kann sagen, wie die Zukunft sein wird. Das wäre ja auch schlimm, dann wäre es ganz gleich, was wir machen würden, es wäre alles vorherbestimmt. Ob wir Gutes tun oder Schlechtes, ob wir anderen helfen oder ihnen schaden. Niemand könnte etwas dafür, niemand könnte etwas ändern, es wäre alles vorherbestimmt. Wir würden gleichgültig und unser Leben würde arm und langweilig werden. Aber so hat es Gott nicht gemeint. Er hat uns das Leben geschenkt, damit wir Gutes und Sinnvolles daraus machen. Wir sollen Verantwortung tragen und uns auch von Herzen freuen können. Und darum kann niemand die Zukunft vorherbestimmen. Auch wenn manche Horoskope aufstellen, Karten legen oder aus der Hand lesen. Die Zukunft lässt sich nicht in die Karten schauen.

Trotzdem kann man aus der Hand lesen. Guckt euch einmal eure Hände an. Und vergleicht sie mit den Händen eurer Eltern und Großeltern. Wenn man genau und aufmerksam hinschaut, dann erzählen sie eine ganze Lebensgeschichte.

Von der schweren Arbeit haben sie vielleicht Risse bekommen, vom Zufassen Schwielen, vielleicht gibt es auch Narben, die Spuren von Verletzungen. Man kann mit Händen Geschichten erzählen, wie wir gerade gesehen haben, aber auch die Hände selbst können Geschichten erzählen – Lebensgeschichten.

Bei dem Propheten Jesaja gibt es den Satz. „In meine Hände habe ich dich gezeichnet." Ich weiß gar nicht, wie ich mir das vorstellen soll. Dass unsere Namen bei Gott angeschrieben sind, dass wir im Buch des Lebens stehen, das alles kann man sich vorstellen. Gott vergisst niemanden, jeder und jede sind ihm wichtig – aber in seine Hand gezeichnet?

Wenn die Konfirmandinnen und Konfirmanden einen Psalm auswendig lernen müssen, dann schreiben sie manchmal einige Verse in die Hand, als Spickzettel. Und später, wenn man den Vers nicht mehr braucht, dann wird er wieder abgewaschen. Das hat wohl fast jeder schon einmal gemacht. Bei Gott ist es aber wohl noch etwas anderes gemeint.

Folie **(M4)** wird projiziert

Man muss sich das Bild schon genauer ansehen. Der Kopf des Kindes ist sofort zu erkennen. Es schaut ein wenig ernst, vielleicht auch ängstlich. Es blickt unsicher. Aber um seinen Kopf herum, von allen Seiten sieht man Hände – schützende Hände. Von allen Seiten umgibst du mich und hältst deine Hand über mir. Der Künstler hat versucht, diesen Psalmvers in ein Bild zu übertragen. Gottes Hände bewahren uns, und auch wenn wir ihn nicht sehen, ja nicht einmal vermuten, ist er bei uns. Wenn wir Angst haben und wir uns Sorgen machen, wenn wir nicht wissen, wie es weitergehen soll, und auch wenn wir uns ganz allein und einsam fühlen: Gott ist bei uns. Seine Hand ist über uns, um uns zu schützen, und unter uns, um uns aufzufangen. Sie ist neben uns, um uns zu halten, und vor uns, um uns den Weg zu zeigen.

Wir sind in Gottes Hand, ja wir sind in seine Hand gezeichnet. Die Geschichte Gottes ist auch die Geschichte mit uns. An seiner Hand ist abzulesen, wie er für uns sorgt, wie er für uns da ist. Und wir sind ihm so wichtig, dass wir sogar in seinen Händen angeschrieben sind.

Wie weit Gott für uns geht, das zeigen die Hände Jesu. Ans Kreuz waren sie genagelt. Sie sind durchbohrt worden. Für uns ist er gestorben. Die Menschen glaubten, sie hätten ihn in der Hand. Dabei war es genau umgekehrt. Wir sind in seiner Hand, aber nicht damit wir sterben, sondern damit wir das Leben haben, nicht damit wir verderben, sondern bewahrt bleiben, nicht damit wir scheitern, sondern zu einem guten und sinnvollen Leben finden.

Bei allem, was uns widerfährt und was wir erleben, sollen wir das eine nicht vergessen: Wir sind in Gottes Hand, wir sind in seine Hände gezeichnet. Amen.

LIED

Herr, deine guten Hände sind wie ein großer Hut (LJ 391,2)

Zum Abschluss

FÜRBITTENGEBET UND VATERUNSER

HINFÜHRUNG ZUM SEGEN

P.: Gott hält seine Hand über uns und beschützt uns.
Er weist uns den Weg und geleitet uns.
Er fängt uns auf und richtet uns auf.
Gott breitet seine Hände über uns und segnet uns.

SEGEN UND NACHSPIEL

Zwei neugierige Gottesdienstbesucher **M1**

Regiehinweis:
Die folgenden Anspiele sollten möglichst von denselben Sprecher/inne/n gesprochen werden.

S(precher/innen) 1 und 2

Nach der Begrüßung kommen S. 1 und S. 2 als Gottesdienstbesucher vom Eingang nach vorn und schauen sich in der ersten Reihe nach einem Platz um.

S. 1: Gut, dass wir das noch geschafft haben! Mich hat das Thema so neugierig gemacht.

S. 2: hat verlegen seine Hände in die Hosentasche gesteckt Wenn ich ehrlich bin, dann weiß ich nichts so Richtiges mir dem Thema anzufangen. nimmt die Hände aus den Hosentaschen „Hände", das ist mir viel zu banal, was ist da schon Besonderes dran? Und dann noch in einem Gottesdienst. Ich glaube viel eher, dass denen die Ideen ausgegangen sind.

S. 1: Warten wir doch einfach mal ab. Übrigens da vorne sind noch zwei Plätze frei.

S. 2: Dann lass uns schnell hinsetzen, der Pastor guckt schon.

Was Hände können **M2**

S(precher/innen) 1–3

S. 2: steht auf Nun höre ich schon die ganze Zeit mit, aber das Thema „Hände" ist noch nicht ein Mal vorgekommen.

S. 1: Hm. Du hast doch auch mitgesungen?

S. 2: Ja, natürlich.

S. 1: Und du hast auch mitgebetet?

S. 2: Natürlich!

S. 1: Und bei dem Eingangspsalm hast du auch mitgesprochen.

S. 2: Klar, aber worauf willst du hinaus?

S. 1: Nun, überall kam schon das Thema „Hände" vor. Gleich im ersten Lied zum Beispiel „Du, Herr, hast selbst in Händen die ganze weite Welt". Und im Psalm hieß es: „Du hältst deine

Hand über mir." Und im Eingangsgebet haben wir von den offenen Händen gesprochen, mit denen wir vor Gott stehen.

S. 2: Das meine ich doch anders.

S. 1: Verstehe ich nicht.

S. 2: Ich dachte, wenn das Thema schon „Hände" heißt, dann sollte man auch etwas mit den Händen machen.

S. 1: Du willst doch jetzt nicht etwa „handgreiflich" werden?

S. 2: *erschrocken* Nein! Oder, *zögert noch etwas* wenn ich recht überlege, vielleicht doch. Guck mal, jeder hat doch seine zwei Hände dabei.

S. 1: Und?

S. 2: Damit kann man doch etwas machen.

S. 1: Sicherlich.

S. 2: Gut, dann weiter. Wenn der Familiengottesdienst „Hände" zum Thema hat, dann ist es doch mit den Händen zu greifen, dass man auch mit den Händen etwas in diesem Gottesdienst tun sollte.

S. 1: *schaut etwas unsicher in die Gemeinde* Meinst du, dass das klappt?

S. 2: Natürlich! Zuerst sammeln wir alles, was man mit der Hand machen kann.

S. 1: Gut, hier sind ja genug Leute. Die fragen wir einfach.

S. 3: *steht auf und kommt nach vorn* Ich glaube, ich muss mich jetzt einmal einschalten. Ihr übernehmt ja hier den ganzen Gottesdienst.

S. 1: Wer bist du denn?

S. 3: Ich mache im Kindergottesdienst mit und habe diesen Gottesdienst mit vorbereitet.

S. 2: Und was hältst du von unserer Idee?

S. 3: Die ist prima. Nur, wir sind auch schon darauf gekommen.

S. 2: Das kann jetzt jeder sagen.

S. 3: Nein, schaut doch. *hält einige ausgeschnittene Hände hoch* In diese Hände wollen wir nun schreiben, was man alles mit den Händen machen kann, die guten und die schlechten Dinge, die schönen und die schweren.

S. 1: Wer? Wir? Wir drei?

S. 3: Nein, im Grunde alle, zumindest alle, die jetzt eine Hand bekommen.

S. 2: Genau, das war auch meine Idee. Wir machen etwas mit der Hand und zum Schluss haben wir auch etwas zum Thema „Hände" in der Hand.

S. 1: Dann lasst uns damit auch gleich anfangen.

Wortspiele und Redewendungen

M3

S(precher/innen) 1–3

S. 1: *geht auf S. 3 zu* Du bist doch nicht böse, dass wir die Sache für einen Moment in die Hand genommen haben.
S. 3: Nein, wir sind doch immer froh, wenn alle mitmachen und dabei mithandeln.
S. 1: Wir waren uns da eben nicht so sicher, wir hatten zwar den Handzettel in der Hand …
S. 3: … und hattet gedacht, wie handhaben sie wohl dieses Thema.
S. 1: Natürlich ist das euer Handwerk, aber wenn man jemandem zur Hand gehen kann …
S. 3: … weil ja eine Hand die andere wäscht …
S. 1: Nein, das sollte kein Handel werden.
S. 2: Dafür kam es ganz schön behände.
S. 1: Ich glaube, jetzt hast du mich in der Hand?
S. 3: Wieso?
S. 1: Weil du alle Wörter mit Hand bildest.
S. 3: Das ist doch begreiflich und fassbar, handlich und praktisch … Aber im Ernst: Du hast auch ständig von der Hand gesprochen. Du hast es nicht gemerkt, weil uns die vielen Redewendungen und Redensarten schon in Fleisch und Blut übergegangen sind.
S. 1: In Fleisch und Blut, das passt auch. Von der Hand in den Mund sozusagen.
S. 2: Gut, wenn man so will. Hände spielen in unserem Leben eine ganz wesentliche Rolle. Sie sind viel wichtiger als wir meinen. Und auch wo das Wort Hand gar nicht vorkommt, hat es seine Hand im Spiel. Kommst du mit?
S. 1: Natürlich, es beginnt schon beim Begreifen. Da ist es nun wirklich mit den Händen zu greifen. Wenn Kinder einen Gegenstand verstehen wollen, dann nehmen sie ihn zuerst in die Hand, tasten ihn ab, sie „begreifen" ihn im wahrsten Sinne des Wortes. So beginnen sie die Welt zu begreifen und zu verstehen.
S. 3: Von der Hand in den Kopf …
S. 1: … und ins Herz.
S. 3: Richtig und dabei Hand aufs Herz.
S. 2: Mit der Hand kann man auch sprechen. Manche reden ja mit Händen und Füßen. Auf dem Handzettel sehe ich, dass der

Kindergottesdienst eine Geschichte zum Thema „Hände" vorbereitet hat. Außerdem finde ich, dass jetzt genug geredet worden ist. Jetzt sind wieder die Hände dran.

S. 1: *lächelt* Also, jetzt: Hand vorm Mund.

M4

Große, kleine Schritte …
– eine Schuhgeschichte

Symbol
Schuh

Leitgedanke
Gott begleitet uns auf allen Wegen

Biblischer Bezug
Ruth

Personen
Pastor/in, Lektor/in, drei Sprecher/innen für die Anspiele, Sprecher/in: Schuh (Sh), Naomi (N), Orpa (O), Ruth (R)

Materialien
- ein zweidimensionaler Schuh, aus Spanplatte zu erstellen
- ein Wegweiser mit den beiden Richtungen „Bethlehem“ und „Moab“: Richtungsschilder aus gelber Pappe, an einer Holzstange befestigt
- Dias von Kees de Kort, „Rut“ (s.u.)
- Diaprojektor

Vorbereitung
Aus einer großen Spanplatte wird eine Schuhform ausgeschnitten und bunt angemalt. Einen besonderen Effekt gibt es, wenn als Schnürband eine große weiße Kordel eingezogen wird. Der Schuh wird im Altarraum aufgestellt, der Sprecher des Schuhs versteckt sich hinter der Schuhattrappe, bisweilen bewegt er sie auch. Ein Wegweiser mit den beiden Richtungen „Bethlehem“ und „Moab“ wird erstellt. Die Projektionswand und der Projektor mit der Diaserie „Rut“ von Kees de Kort sind vorbereitet.

Die Sprecher/innen erhalten **M 1–3** markieren und proben ihre Rollen.

Literatur/Hinweise
- Kees de Kort: Rut. 12 Dias mit Textheft, Hilversum: Stiftung Docete (Biblische Palette) (über Mediotheken etc. erhältlich).

Die Erzählung von Ruth ist eine Geschichte von den Kleinen Leuten, eine Geschichte von unten. So nimmt dieser Familiengottesdienst einen Perspektivenwechsel vor. Dazu kommt, dass in dem kleinen Buch Ruth die Menschen ständig in Bewegung sind, sie legen lange Wegstrecken zurück, sie überschreiten Grenzen, sie sind auf der Suche und sie gelangen zum Ziel. Der Schuh bleibt ihnen nicht nur auf der Spur, sondern er schreitet mit ihnen den Weg ab, er fragt und kommentiert. Letztlich stellt der Schuh auch die Sichtweise der Kinder dar.

Zum Anfang

VORSPIEL UND BEGRÜSSUNG

LIED

Gott des Himmels und der Erden (EG 445,1.2.5)

EINGANGSWORT

WORTE IM WECHSEL

nach Psalm 86 (PK 26)

GEBET

P.: Von verschiedenen Wegen kommen wir,
Gott, heute morgen zu dir.
Wir bringen mit, was uns beschäftigt,
Schönes und Schweres, Frohes und Trauriges.
Wir bitten, sei du mit uns und teile unser Leben,
stehe uns bei und gehe all unsere Wege mit,
sei uns nahe, heute und an jedem Tag.

LIED

Wohin denn sollen wir gehen (LK, B 23)

Zum Hineinkommen

ANSPIEL

Eine Schuhgeschichte (**M 1**)

Der „Schuh“ und zwei Sprecher/innen treten auf. Sprecher 3 kommt erst im Verlauf des Gesprächs hinzu. Anhand der *Dias von Kees de Kort* erzählen sie die Ruthgeschichte.

Im Mittelpunkt steht der „Schuh“, er kommentiert immer wieder die Ruthgeschichte und macht sie so zu einer Schuhgeschichte. Im Gespräch mit den drei Sprecher/inne/n bringt er immer wieder seine eigene Sichtweise ein.

LIED

Ein langer Weg (LK, A 12)

ANSPIEL

An der Grenze (**M 2**)

Naomi, Orpa und Ruth treten auf. Die Grenze wird durch den Wegweiser markiert.

Die Geschichte von Ruth wird für einen Moment angehalten, die Szene an der Grenze gerät in den Mittelpunkt. Wie in einer Nahaufnahme kommt sie im Rollenspiel in die Totale des Blickfelds, die Geschichte wird in eine lebendige Szene umgesetzt. Ruth vertraut Gott. Das ist der Wendepunkt in ihrem Leben, von nun an steht ihre Zukunft im Zeichen seines Geleites.

LIED

Ich möcht, dass einer mit mir geht (ML, B4)

ANSPIEL

Ruth begegnet Boas (**M 3**)

Der Schuh und die drei Sprecher/innen treten wieder auf. Sie setzen die Geschichte mit Hilfe der Dias weiter fort.

Während die drei Sprecher/innen die Ruthgeschichte weitererzählen, hakt der „Schuh“ immer wieder nach, fragt und kommentiert. So bekommt der recht komprimierte Text eine klare Aussagelinie, die zuletzt zum Ziel, zum „Happy End“ führt.

LIED

Befiehl du deine Wege (EG 361,1.4)

Zum Weiterdenken

P. nimmt noch einmal die Situation der Entscheidung an der Wegkreuzung auf:

> Ruth hat auf Gott vertraut und er hat sie auf ihrem weiteren Weg beschützt. Die Bibel erzählt die Geschichte aus ihrer Sicht. Und weil sie eine Geschichte von unten ist, darum ist sie im gewissen Sinne auch eine „Schuhgeschichte". Von Ruth aus lässt sich der Bogen zu Jesus spannen. Gottes Weg mit den Menschen geht weiter.
>
> Die Schuhe oder auch die Sandalen sind immer dabei, hautnah, und sie müssen tatsächlich durch dick und dünn, wie wir gesehen haben, sie müssen den Staub schlucken und sie sind die Ersten, die nass werden, wenn es durchs Wasser geht. Sie erleben alles mit, sie erleben die Welt von unten, aus der Froschperspektive. Und da sieht alles ganz anders aus. Sie sind eben dichter dran. Und so ist unsere Schuhgeschichte auch nicht zufällig die Geschichte von ganz kleinen und einfachen Leuten.
>
> Ruth und Naomi waren ganz schlecht dran, sie waren allein, sie waren arm, sie waren fremd: Naomi in Moab und Ruth in Bethlehem. Naomi hatte keine Wahl, die Hungersnot hat sie von zu Hause vertrieben, und Ruth, sie hat gewählt: Ich bleibe bei Naomi. Ganz leicht war die Entscheidung bestimmt nicht, zu Hause, da wäre sie schon irgendwie durchgekommen, da kannten sie viele, die hätten ihr geholfen, und bestimmt hätte sie bald auch schon geheiratet, wäre versorgt gewesen, hätte Kinder gehabt, wäre bestimmt sehr glücklich geworden. Aber in Bethlehem? Man würde auf sie herabschauen, eine Fremde, eine aus Moab, die Menschen würden auf sie herabsehen, eine, die nichts hat, die nichts taugt, die nichts kann, die mal gerade die Reste von den Feldern aufsammeln darf, wenn es hochkommt. Den Mund aufmachen darf sie nicht, sie soll ganz unten bleiben, da gehört sie hin. So wird es ihr gehen, sie weiß es, sie kann sich das gut vorstellen.
>
> Und trotzdem geht sie mit Naomi mit. Ihre Schwester wäre auch sehr gerne mitgekommen, aber ihr fehlte der Mut und noch etwas anderes – der Glaube. Ruth hat sich ganz fest auf Gott verlassen, sie hat gewusst: Der Weg wird nicht leicht, er wird dornenreich werden, und es war ja auch so gekommen, aber sie war sich auch sicher: Gott wird uns beschützen. Das hat sie bei Naomi gesehen und erlebt, sie muss ja dasselbe durchmachen wie sie einst und dabei hat ihr Gott auch geholfen. Sie hat gesehen: Auf diesen Gott ist Verlass. Es gibt keinen Weg, den Gott nicht mitgeht, es gibt keinen Ort und sei er noch so tief, wo Gott nicht ist.
>
> Und das gab es damals schon, dass man auf Fremde herabsah, und erst recht die Israeliten auf die Menschen von Moab. Israel ist größer und stärker, mächtiger und besser, so dachten die Menschen in Bethlehem. Aber diese Geschichte dreht alles um. Für die Menschen in Bethlehem und in Israel, ja für alle Menschen wird Ruth, die Frau aus Moab, zum Vorbild gemacht: ausgerechnet sie, die Fremde.
>
> Die Geschichte von Ruth ist wirklich eine Schuhgeschichte, eine Geschichte von ganz unten. Sie endet in Bethlehem und da beginnt tausend Jahre später eine ganz andere Geschichte und es ist wieder eine Schuhgeschichte, eine Geschichte von ganz unten. Sie spielt wieder auf dem Feld und es ist wieder in der Fremde und das Kind, das da geboren wird, wird die Welt von ganz unten kennen lernen. Auch sein Weg wird steinig und dornenreich sein, es wird Freunde finden, aber auch viele, die ihn ablehnen, die ihn am liebsten umbringen möchten und zum Schluss schaffen sie es auch. Dieses Kind, der Mann Jesus aus Nazareth, ist ein

Nachfahr, ein Ur-ur-urenkel von Ruth. Aber da geht die Geschichte weiter, da ist Gott mit den ganz einfachen Menschen, da ist Gott auch mit uns, wenn wir ganz am Boden sind, wenn wir einmal Mut brauchen, wenn wir jemanden brauchen, der uns einen Ruck gibt und zu uns sagt: Du, du schaffst das, ich bin mit dir, ich helfe dir. Ruth hat das ganz fest geglaubt, Jesus hat das allen gezeigt. Und wir, wir sind uns da nicht immer ganz so sicher.

In Afrika erzählt man sich von einem alten Mann, der sehr gläubig war und deswegen von den Nachbarn verlacht wurde. Und er hat ihnen geantwortet: „Gestern Nacht ist ein Tier um meine Hütte geschlichen, ich habe es nicht gehört und nicht gesehen, aber die Fußspuren am anderen Morgen, die haben es mir gesagt, ganz deutliche." Im Kindergottesdienst haben wir Abdrücke von Füßen genommen und die Spuren gegossen, und so wie unsere Füße, die Schuhe und auch die Sandalen Abdrücke hinterlassen, so kann auch unser Glaube Spuren hinterlassen. Bei Ruth war es so gewesen, sie hat auf Gott vertraut. Und auch bei Boas war es so gewesen, er war freundlich und hilfsbereit zu Ruth gewesen, ihn hat es nicht gestört, dass sie eine Fremde war, er hat auf sie einen Schritt zugemacht und er hat ihr geholfen. Und so hat diese Geschichte noch ein „Happy End" bekommen.

Im Rückblick – wäre Ruth nicht so mutig gewesen und auch Boas nicht, gar nicht auszudenken: kein Obed und kein Isais, kein David und kein Jesus, kein Karfreitag und kein Ostern, kein Pfingsten und auch wir nicht. Glaubensgeschichten sind wirklich Schuhgeschichten, sie erzählen, wie der Glaube durch die Welt wandert und seine Wanderschaft ist noch nicht zu Ende, jetzt sind unsere Schuhe dran. Amen.

LIED

Bewahre uns, Gott, behüte uns Gott (EG 171,1.2)

Zum Abschluss

FÜRBITTENGEBET UND VATERUNSER

LIED

Bewahre uns, Gott, behüte uns Gott (EG 171,3.4)

HINFÜHRUNG ZUM SEGEN

P.: Auf allen Wegen, die wir gehen,
wird Gott uns begleiten.
Auf den Höhen wird er mit uns sein
und auch in den Tiefen uns nahe bleiben,
darum brauchen wir uns nicht zu sorgen,
getrost und zuversichtlich können wir
in den neuen Tag gehen.

SEGEN UND NACHSPIEL

Eine Schuhgeschichte **M1**

Regiehinweis:
Die folgenden Anspiele sollten möglichst von denselben Sprecher/inne/n gesprochen werden.

S(precher/innen) 1–3 und der „Schuh" (Sh)

S. 1: schaut auf seine Schuhe Ja, meine lieben Schuhe, heute seid ihr einmal die Hauptperson. Ich weiß, ihr seid immer dabei, geht mit mir durch dick und dünn, und wenn's sein muss auch durchs Feuer, aber nie denkt einer an euch, dabei wäret ihr schon längst 'mal dran.

Sh: Genau, endlich denkt mal einer an uns. Wir müssen immer nur die Dreckarbeit machen, alle treten auf uns herum und keiner dankt es uns, und hinterher ...

S. 1: Nun mal langsam, so weit sind wir ja noch nicht.

Sh: Danke!

S. 1: So meine ich das auch nicht. Also, noch mal ganz langsam! Es soll in diesem Gottesdienst um den Schuh gehen. Das ist richtig, um den Schuh im Allgemeinen und im Besonderen.

Sh: Im Besonderen, genau: Das bin ich!

S. 2: mustert ihn aufmerksam Ich weiß nicht, ob der Schuh passt.

Sh: Was passt dir nicht?

S. 2: Eigentlich müsste es mehr eine Sandale sein.

Sh: Das sind doch keine richtigen Schuhe, das ist doch nur eine Sohle mit bisschen was daran. Dass ich nicht lache! Die zählen doch gar nicht, diese Möchtegern-Schuhe. Ganz niedriges Fußvolk, sage ich dir. Lass dich nicht mit denen ein. Das sind nur Angeber, versprechen dir alles, „leicht und bequem", aber beim ersten Schneesturm, da frieren dir die Zehen weg. Ach, was sage ich, eine kleine Pfütze und du wirst es bereuen!

S. 2: Aber damals, da trugen die Menschen Sandalen, ganz einfaches Schuhzeug.

Sh: stolz Ich bin aus Vollrindleder, doppelt genäht, echte Ledersohle, extrem strapazierfähig, medizinisches Fußbett, ein Jahr Garantie, echte Qualitätsarbeit, kann ich nur empfehlen.

S. 2: Ich fürchte, ich muss es dir noch etwas genauer erklären. Der Schuh oder die Sandale, um die es heute geht, hat einen langen Weg hinter sich, es ging über Stock und Stein, durch die Wüste und auch durch das Wasser.

Sh: Ih! Das ist aber nicht gut für das Leder!

S. 2: Nein, aber das war es nicht allein. Vielleicht muss ich ganz vorne anfangen.

Sh: Das scheint mir auch so.

S. 2: Stell, dir mal so richtig harten Boden vor, knochentrocken, tagelang, wochenlang kein Regen, kein Grün weit und breit, nur Staub.

Sh: hustet Puh, und dann als Sandale. Die kriegt ja alles mit, das geht durch und durch!

S. 2: Und da machen sie sich auf: ein Mann und seine Frau und ihre beiden Söhne.

Sh: Acht Sandalen.

S. 2: überlegt Genau. Und da sehen wir sie.

Kees de Kort, Rut, Dia 1: Die Abreise

Sh: Oh, das sieht nach harter Arbeit aus.

S. 1: Da kannst du Recht haben: Sie packen also ihr Sachen und machen sich auf. In ihrem Heimatort können sie nicht leben, sie verlassen ihr Dorf und gehen ins Ausland.

Sh: Ins Ausland, ist es da nicht gefährlich? Ich meine, man hört doch so vieles. Also, ich an ihrer Stelle ... was werden die Leute da denken, ich meine, werden die nicht auf die Ausländer ... Also, ich erkenne einen Schuh sofort, ob er von hier ist oder eben ...

S. 1: Vielleicht hast du Recht. Ich weiß nicht, wie die Geschichte weitergegangen ist. Da müsste man jemand fragen, der dabei gewesen ist. Die Sandale vielleicht, oder jemanden, der die Geschichte kennt.

S. 3: kommt dazu Wartet mal! Ich glaube, ich kenne die Geschichte. Das müssen Elimelech und Naomi sein und natürlich ihre beiden Söhne Machion und Kilijon. Und ich kann euch beruhigen, die vier wurden freundlich aufgenommen, sie konnten dort leben. Allerdings hatten sie auch keine andere Wahl. In Bethlehem, in ihrem Heimatort, da gab es nicht genug zu essen, also mussten sie fortziehen.

Sh: Und dann ... was kam dann?

S. 3: In der Fremde, in Moab, fanden sie ein neues Zuhause.

Kees de Kort, Rut, Dia 2: Hochzeitsfeier in Moab

Sh: Auf dem Bild geht's aber fröhlich zu. Gleich werden sie bestimmt tanzen. Eine harte Belastungsprobe für alle Schuhe.

S. 3: Die haben auch allen Grund fröhlich zu sein. Sie feiern Hochzeit. Machion und Kiljon haben geheiratet. In der Mitte seht ihr die Frauen, das eine ist Orpa und das andere ist Ruth.

S. 2: Und wo ist Elimelech?

S. 3: Elimelech ist bereits gestorben. Und als dann die beiden Söhne geheiratet haben, da war Naomi natürlich froh.

S. 3: Aber dann sterben auch die beiden Söhne.

Sh: Und Naomi bleibt allein zurück.

S. 2: Aber Orpa und Ruth sind doch auch noch da.

Sh: Aber das sind doch Moabiterinnen.

S. 3: Richtig. Naomi geht wieder nach Hause, alleine. Bis zur Grenze wollen Orpa und Ruth mitgehen.

An der Grenze **M2**

Naomi (N), Orpa (O), Ruth (R), am Wegweiser „Bethlehem – Moab"

N: Jetzt sind wir bald an der Grenze. Dort liegt das Land meiner Ahnen. Das war mein Zuhause. Und da hinten im Dunst – schau – das muss Bethlehem sein. Ob meine Verwandten noch leben? Meine Töchter, ihr habt mich bis hierher begleitet. Es war ein weiter Weg, ich danke euch dafür. Nun wollen wir Abschied nehmen.

O: Mutter, es fällt mir so schwer. Ich möchte dich nicht allein lassen, aber ...

N: Ich weiß, Orpa. Deine Familie wartet auf dich. Deine Eltern brauchen dich. Du hast für mich getan, was du konntest. Du bist noch jung. Dein Leben liegt noch vor dir. Geh in Frieden!

O: Mutter! Dein Gott möge dich beschützen! verabschiedet sich – und zu Ruth: Und du?

R: Ich weiß noch nicht ... ich kann nicht ... Geh du schon mal nach Hause. Ich bleibe noch ... sie verabschieden sich

N: Orpa geht schnell. Sie dreht sich nicht mehr um. Wie schwer es ihr fällt. Es ist hart für sie. In ihrer Verwandtschaft wird sie Trost finden. Es sind gute Menschen. Sie wird wieder heiraten und Kinder bekommen. Und du, Ruth? Was willst du wirklich? Noch kannst du deine Schwägerin einholen. Sie kann doch nicht allein den weiten Weg zurückgehen. Ach Ruth, ich muss jetzt weiter.

R: Ich gehe mit dir!

N: Ist das dein Ernst? Mitgehen mit einer alten Frau – als Fremde in einem fremden Land?

R: Ich bleibe bei dir!

N: Du, ich weiß nicht, was mich bei meiner Rückkehr erwartet! Ob ich überhaupt irgendwo unterkomme? Wovon ich leben werde? Einst trieb uns die Hungersnot dazu, dieses Land zu verlassen. Zu viert sind wir ausgezogen. Allein kehre ich zurück. Aber es ist meine Heimat. Meine Familie hat dort ein Stück Land – vielleicht kann ich etwas davon verkaufen, um leben zu können. Aber dich will ich nicht in diese Ungewissheit mitnehmen.

R: Ich weiß das alles. Aber meine Entscheidung steht fest: Ich gehe mit dir. Es ist mein fester Entschluss.

N: Wer soll das begreifen? Denkst du gar nicht an deine Familie, an Orpa? Niemand wird verstehen, was du tust. Zuhause könntest du noch einen Mann finden und Kinder haben. Hast du denn gar keine Angst?

R: Doch, ich habe Angst. Aber ich kann nicht anders. Als ich Machion geheiratet habe, bist du meine Mutter geworden. Rede mir jetzt nicht ein, dass ich mich von dir trennen soll!

N: Es tut mir gut, dass du so an mir hängst. Aber ich möchte, dass du an dich denkst. Du sollst dich nicht an mich gebunden fühlen.

R: Versteh doch: Ich kann nicht anders. Dein Volk ist mein Volk, und dein Gott ist mein Gott. Ich bleibe bei dir, was auch kommen mag.

N: Dann komm, lass uns miteinander nach Bethlehem gehen.

Ruth begegnet Boas **M3**

S(precher/innen) 1–3 und der „Schuh" (Sh)

Sh: Sag mal, ist es sehr weit bis nach Bethlehem zurück.

S. 3: Ja, es ist noch sehr weit, es geht über Felsen und Stein, über Staub und durchs Wasser. Es ist ein beschwerlicher Weg.

Sh: Puh, die arme Sandale!

S. 2: Ich stelle mir vor, dass die Ungewissheit, wie sie aufgenommen werden, noch will schlimmer war.

Sh: Ich möchte die Geschichte nun aber zu Ende hören.

Kees de Kort, Rut, Dia 3: Bei der Ernte

S. 2: In Bethlehem ist Erntezeit. Die Leute sind auf dem Feld und binden die Garben.
S. 3: Und sie sehen die beiden Frauen, „Da ist doch Naomi", ruft eine von den Feldarbeiterinnen.

Kees de Kort, Rut, Dia 4: Beim Ährenauflesen

Sh: Da ist ja auch Ruth auf dem Feld.
S. 3: Das ist das Recht der Armen: Sie dürfen die Ähren auflesen, die liegen geblieben sind. Naomi ist zu alt, um noch auf dem Feld arbeiten zu können

Kees de Kort, Rut, Dia 5: Boas

Sh: Und wer sind diese beiden Männer?
S. 3: Das ist Boas. Er fragt den Knecht, wer die Frau ist. Und da erfährt er, dass sie mit Naomi gekommen ist.

Kees de Kort, Rut, Dia 6: Bei der Pause

S. 2: Da sieht man ja Boas und Ruth!
S. 3: Boas sagt zu den anderen Leuten, sie sollen freundlich zu Ruth sein. Und wie es dann weiter geht, das könnt ihr euch ja fast denken.
Sh: Oh ja, es gibt wieder eine Hochzeitsfeier!
S. 3: So schnell geht es nicht.

Kees de Kort, Rut, Dia 7: Im Tor

S. 2: Im Tor trifft Boas einen Mann, der mit Naomi verwandt ist. Nach dem Gesetz soll derjenige Ruth heiraten, der am nächsten mit ihr verwandt ist.
Sh: Oh, geht das gut?
S. 3: Der Mann will Ruth nicht heiraten. Und jetzt ist der nächste Verwandte an der Reihe. Und das ist ...
Sh: Boas?
S. 1: Er wird Ruth heiraten. Sie soll hier eine neue Heimat haben.
Sh: Und wenn sie nicht gestorben sind ...

Kees de Kort, Rut, Dia 8: Die Geburt des Kindes

S. 2: Sie sehen sehr glücklich aus: Ruth und Boas, Naomi und das Kind.
S. 3: Übrigens: Das Kind bekommt den Namen Obed.
Sh: Das sagt mir nichts.

S. 2: Warte, das Kind von Obed hieß Isais, und sein Sohn hieß David.

Sh: Der König David?

S. 1: Genau der!

Sh: Dann stammt der König David von einer Ausländerin ab. Ob er das gewusst hat?

S. 2: Natürlich! Und er war sehr stolz darauf. Und von Ruth stammt auch, viele Jahrhunderte später, Jesus ab.

Sh: Das ist ja ein ganz schöne Schuhgeschichte! Meine Sohlen sind schon ganz heiß geworden.

S. 2: Das dürfen sie aber noch nicht. Für Ruth ist der Weg hier zu Ende, aber für uns noch nicht.

Sh: Ich glaube, ich ahne, was du meinst: Wir können Schritte aufeinander zu machen. Das müssen gar nicht lange Wege sein, dazu reichen manchmal ganz kurze Schritte, vor dir zu mir. Wo Menschen aufeinander zugehen, da wird selbst die Fremde zum Zuhause.

S. 3: Du hast Recht. Um den Menschen damals wie heute das zu sagen, darum hat man immer wieder die Geschichte von Ruth erzählt.

Sh: Genauso wie wir heute morgen.

S. 2: Ich finde, dass ist eine schöne Geschichte. Es ist aber auch eine Symbolgeschichte.

Sh: Nein, eine Schuhgeschichte.

S. 2: Eine Geschichte, wie Menschen Schritte aufeinander zu machen.

S. 3: ... wie Menschen, Gottes Weg gehen.

Ich bin ganz Ohr

Symbol

Ohr

Leitgedanke

aufmerksam hören – auf Jesus hören

Biblischer Bezug

Lukas 4,16-24

Personen

Pastor/in, 2 Sprecher/innen, „Ohr“, Mutter, „Kathrin“ und „Andrea“, Micha, Benjamin, Mosche, Jesus

Materialien

- rosafarbene Pappe
- buntes Tonpapier
- Sicherheitsnadeln
- verschiedene Geräusche auf Band
- Ball
- drei Stühle und Lesepult
- „Schriftrolle“

Vorbereitung

Ein großes Ohr wird aus Pappe erstellt, das sich der/die Sprecher/in für das Ohr umhängt. Aus dem bunten Tonpapier werden kleine Ohren ausgeschnitten und mit einer Sicherheitsnadel versehen. Im Gottesdienst werden die „Ohren“ verteilt und beschriftet. Verschiedene Geräusche (Stimmen in der Natur, Stadtgeräusche, Flötenstimme) werden mit dem Kassettenrecorder vorher aufgenommen, um sie dann während des Gottesdienstes einzublenden.

Die Sprecher/innen erhalten Kopien von **M 1–3**, markieren und proben ihre Rollen.

Der Ball für das Spiel der Kinder liegt im Altarbereich bereit wie auch drei Stühle und ein einfaches Lesepult für die Spielszene.

Literatur/Hinweise

- Jürgen Koerver/Hans-Martin Schäfer, Gunnar Urbach: Was ist los in Nazaret? Von Jesus hören und weitersagen (GTB Kindergottesdienst), Gütersloh 1983.

Das Ohr ist eines unserer wichtigsten Sinnesorgane. Im Kindergottesdienst ist in der Vorbereitung für diesen Familiengottesdienst sehr ausführlich über das Ohr gesprochen worden. In der Apotheke ist ein Modell ausgeliehen worden und wir haben gestaunt wie kompliziert und faszinierend das Ohr aufgebaut ist. Gemeinsam haben wir Redewendungen gesammelt, die mit dem Ohr und dem richtigen Zuhören zu tun haben. In einer Religion, in der es um das Wort geht, spielt auch das Hören eine zentrale Rolle, dabei geht es zunächst um das aufmerksame Zuhören wie das genaue Hinhören und dann auch das Dazugehören. Eine kleine Schule des Hörens ist dieser Familiengottesdienst.

Zum Anfang

VORSPIEL UND BEGRÜSSUNG

LIED

Gott gab uns Atem (MK 73)

EINGANGSWORT

P.: Gott sagt: Ich will euch ein neues Herz und einen neuen Geist in euch geben. Und ich will solche Leute aus euch machen, die nach meinen Geboten leben und meine Rechte halten und danach handeln. (Hesekiel 36,26f)

PSALM IM WECHSEL

nach Psalm 100 (PK 31)

GEBET

P.: Herr, unser Gott, wir danken dir für unser Leben, für die Familie und die Freunde, für alle Menschen, die es gut mit uns meinen, und für die schöne Welt um uns herum. Wir danken dir für die Augen, mit denen wir sie sehen und erkennen können, für die Ohren, mit denen wir hören und zuhören können, wir danken dir für alle Sinnesorgane, mit denen wir deine schöne Welt erleben, Tag für Tag. Lass uns auf die Welt Acht geben. Amen.

Zum Hineinkommen

ANSPIEL

Es gibt so viel zu hören (**M1**)

Das Ohr tritt auf, die beiden Sprecher/innen beginnen mit ihm ein Gespräch. Ein Kassettenrekorder mit den zuvor aufgenommenen Geräuschen steht bereit.

Es geht um das Ohr und das aufmerksame und bewusste Zuhören. Das lässt sich praktisch demonstrieren, dabei differenziert das Ohr die verschiedenen Geräusche recht genau. Es wird auch deutlich, dass mit den Geräuschen auch eine bestimmte Stimmung und Atmosphäre verbunden ist.

Lied

Lobet den Herren alle, die ihn ehren (EG 447,1-3.7)

Anspiel

Hinhören und Weghören (**M2**)

Zum „Ohr“ und den beiden Sprecher/innen kommen „Kathrin“ und „Andrea“ hinzu. Sie spielen miteinander Ballwerfen, dann kommt die Mutter dazu und spricht sie an.

Hören ist ein subjektiver Vorgang. Wer wüsste das nicht! Erziehungsberechtigte und Pädagogen kennen das aus eigener Erfahrung nur allzu gut. Die kleine Spielszene, in der Andrea und Kathrin erst auf die Mutter reagieren, als sie sagt, dass in der Küche Eis steht, will daran erinnern.

Anspiel

Jesus predigt (**M3**)

Die kleine Szene spielt zur Zeit Jesu. Micha, Benjamin und Moshe bringen einen Stuhl mit und setzen sich mit dem Rücken zur Gemeinde. An das einfache Lesepunkt vor ihnen stellt sich Jesus. Er spricht zu ihnen, aber zugleich auch zur Gemeinde.

Hören ist stets auch mit einem bestimmten Vorverständnis beziehungsweise mit einem Vorurteil verbunden. Auf wen ich höre, von wem ich mir etwas sagen lasse, hängt wesentlich von der Person ab, die mir begegnet oder aber auf mich Eindruck macht. Jesus spricht mit einer Vollmacht, die in seiner Zeit unerhört war. Der Anspruch seines Wortes überbrückt die Zeit und reicht in die Gegenwart.

Lied

Du hast uns, Herr, gerufen, und darum sind wir hier (EG 168,1-3)

Zum Hineinkommen

P. nimmt den Aspekt des Zuhörens auf:

Jesus hat nicht nur zu den Menschen geredet, er hat ihnen auch zugehört und sie somit angenommen. Sein Wort gilt allen Menschen, so ereignet sich Liebe, so wird Vergebung erfahrbar. Die Aktion „Ich schenke dir mein Ohr“ soll Möglichkeiten aufzeigen, wie wir anderen helfen können. Zugleich aber soll auch deutlich werden, dass Gottes Liebe die Nächstenliebe umfasst und auch übersteigt.

„Du hast ja einen kleinen Mann im Ohr!“, das hat richtig gebrüllt, so ärgerlich war er. „Das wäre gar nicht so schlecht“, hat der andere erwidert. Richtig, das wäre auch gar nicht so schlecht. Jemand, der uns immer sagt, was richtig und was falsch ist. Manchmal ist das wirklich ganz schwierig für Kinder und auch für Erwachsene. Manchmal rutscht einem auch einfach was so raus, und dann schluckt man und denkt „Hätte ich das bloß nicht gesagt“. So ein kleiner Mann im Ohr, der uns immer sagt, was wir machen sollen, das wäre wirklich nicht schlecht. Oder man könnte sich so klein machen, dass man in einem Ohr Platz hätte und könnte alles mit anhören, so ein ganz kleiner Ohrwurm. Das wäre auch nicht übel. Bei wem wollte ich da nicht alles im Ohr sitzen? Vielleicht beim Mathelehrer oder bei der Deutschlehrerin, wenn sie die nächste Klassenarbeit vorbereitet und die richtigen Lösungen vor sich her murmelt. Oder bei meiner Lieblingsband, dann braucht ich gar keinen Eintritt zahlen und könnte immer meine Lieblingsmusik hören. Oder … wenn das ginge, dann wäre ich auch gerne damals dabei gewesen, als Jesus noch lebte. Ich hätte mir da einen prima Platz gesucht, ganz vorne in der ersten Reihe, bei dem Mann mit dem dunklen Umhang, da wäre ich ins Ohr geklettert und hätte zugehört. Jesus hätte ich zugehört, den ganzen Tag bis zum Abend. „Wer Ohren hat, der höre“, hat er gesagt, und dann hat er von Gott erzählt, davon dass Gott alle Menschen liebt, dass er will, dass wir glücklich sind, dass auch die kleinen Menschen bei ihm wichtig sind, dass Gott wie ein Vater zu uns ist, er uns tröstet und Mut macht, dass wir immer zu ihm kommen dürfen, mit ihm reden und zu ihm beten. Und das hätte ich dann auch erlebt, wie Menschen zu ihm kommen und erzählen, was sie bedrückt. Die Mutter, deren Kind krank ist, der Hauptmann, der für seinen Knecht bittet, der Lahme, der zu ihm gehumpelt kommt, der Blinde, der nach seiner Hand tastet, der Zöllner, der auf dem Baum sitzt. Zu allen hat Jesus gesprochen und ihnen allen hat er geholfen. Für sie alle hatte Jesus ein Ohr. Er hat ihnen allen sein Ohr geschenkt. Er hat ihnen zugehört, und wenn sie traurig waren, dann war er mit ihnen traurig, und wenn sie lachten, hat er sich mit ihnen gefreut, und wenn sie in Not waren, hat er überlegt, wie er ihnen am besten helfen kann. „Ich schenke dir mein Ohr“, das ist vielleicht viel wichtiger als einen Mann im Ohr zu haben. Denn unsere Entscheidung kann uns niemand abnehmen, aber jemanden zu haben, der einem dabei hilft, der einem zuhört, der eben ganz Ohr ist, wenn man erzählt, das ist schon was Schönes und Großartiges. Das muss nicht immer der beste Freund oder die beste Freundin sein, dass können manchmal auch ganz Fremde sein. Sie müssen nur eines haben: ein offenes Ohr. Sie müssen nur eines Tun: uns ihr Ohr schenken.

Das wollen wir heute Morgen auch machen. Aber nur symbolisch. Jeder soll ja schließlich wieder mit beiden Ohren nach Hause kommen. Wir – das heißt die Mitarbeiterinnen vom Kindergottesdienst und ich sowie viele Kinder von Kindergottesdienst und der Grundschule – haben schon Ohren ausgeschnitten. Einige von den Kindern haben hinten auf dem Ohr schon gemalt oder geschrieben, was es für sie bedeutet, wenn sie jemandem ihr Ohr schenken oder wenn sie selbst ein Ohr geschenkt bekommen.

AKTION

Schenk mir dein Ohr

Ohren und Stifte verteilen – jede/r überlegt: Was bedeutet das für mich, wenn mir jemand sein Ohr schenkt? – das beschriebene Ohr wird weiterverschenkt, an den Nachbarn oder die Nachbarin oder an irgendjemanden sonst (mit Sicherheitsnadeln anderen anheften – die Mitarbeiter/innen im Kindergottesdienst helfen mit) – einige, lesen vor, was auf ihrem Ohr steht

Jesus hat den Menschen sein Ohr geschenkt und er hat zu den Menschen gesprochen, sodass ihnen manchmal alles Hören und Sehen vergangen ist. Sie haben Gottes Botschaft gehört, dass Gott bei uns ist in seinem guten Geist, der „uns das Hören lehrt und dir folgen lehrt". Genauso, wie wir es gerade gesungen haben. Ich wünsche uns allen deshalb gute Ohren, aber auch Gottes guten Geist, dass er uns stets die Ohren und das Herz öffnet. Amen.

LIED

Herr, gib uns Mut zum Hören (LJ 553)

Zum Abschluss

FÜRBITTENGEBET UND VATERUNSER

HINFÜHRUNG ZUM SEGEN

P.: Unser Wort in Gottes Ohr,
er wird uns hören,
was wir sagen, wird nicht ungehört verhallen,
unser Leben findet seinen Ort in Gottes Gedanken.
Gottes Wort in unserem Ohr,
was er uns sagt, wird uns begleiten,
wird uns Trost schenken und Mut machen.
So werden wir in diesen Tag gehen
und auch in die neue Woche.

SEGEN UND NACHSPIEL

Es gibt so viel zu hören **M1**

Regiehinweis:
Die folgenden Anspiele sollten möglichst von denselben Sprecher/inne/n gesprochen werden.

Ohr (O), S(precher/innen) 1 und 2

Das „Ohr“ tritt auf, die Sprecherin trägt das große aus Pappe ausgeschnittene Ohr

O.: Das finde ich auch. Es gibt ja so viele Dinge zu hören. Viele Menschen beachten sie gar nicht, sie hören einfach weg oder haben sich daran gewöhnt. Zum Beispiel die vielen Stimmen in der Natur.

Naturgeräusche werden eingeblendet.

S. 1: Das hört sich gut an.
O.: Da kann das Ohr gar nicht groß genug sein.
S. 1: Wenn man die Augen schließt, kann man sich das richtig schön vorstellen: eine grüne Wiese oder eine Lichtung im Wald; der Wind, der über das Gras streicht, die Zweige bewegt; irgendwo eine Grille, die zirpt; Vögel, die zwitschern und tirilieren,
O.: Und die vielen verschiedenen Vogelarten, jeder Vögel hört sich anders an, da muss man schon genau hinhören.
S. 2: steht auf und kommt auch nach vorn Darf ich auch was sagen?
O.: Natürlich!
S. 2: Ich freue mich, wenn ich so schöne Stimmen und Geräusche höre. Ich freue mich, dass Gott alles so schön und gut geschaffen hat, dass uns ein so herrlicher Reichtum umgibt. Ich hab' dann richtig Lust, mit den Vögeln zu pfeifen und zu singen.
S. 1: Aber es gibt doch nicht nur schöne Geräusche.
O.: Da hast du leider recht. Was mir so alles zu Ohren kommt! Manchmal möchte ich mich am liebsten zuklappen.

Straßenlärm wird eingeblendet. Beide Sprecher halten sich die Ohren zu.

S. 1: Aufhören! Das hält man ja gar nicht aus!

Straßenlärm hört wieder auf

S. 2: Das war ja nicht zum Aushalten.
O.: Aber manche hören das Tag aus, Tag ein.

S. 1: Kein Wunder, dass sie taub werden.

O.: Und nicht nur das! Manche werden auch nervös, reizbar und aggressiv.

S. 2: Na ja, andere gewöhnen sich auch daran.

O.: Und stumpfen ab, werden gleichgültig. Ihr glaubt ja gar nicht, wie wichtig das Ohr ist.

S. 1/2.: *fast beschwichtigend* Doch, doch, wir glauben schon, dass du ganz wichtig bist.

S. 1: Sag mal, ist in deinem Ohr nicht noch ein schönes Geräusch.

O.: Und was ist für dich schön?

S. 1: Ich mag Flöte gerne. „Eine helle Flöte geht über das Land …" So einen richtigen Ohrwurm, hast du so etwas auch in deinem Ohr?

O.: Einen „Ohrwurm"? – hm, eine Flöte? – hm – Doch, da habe ich etwas.

Flötenmelodie

S. 1: Herrlich, das klingt schön.

S. 2: Und das macht zufrieden, und beruhigt – und ist einfach schön.

O.: Aber sagt mal, können wir nicht selbst, etwas Schönes singen?

P.: Das hatten wir auch vorgehabt. Ein Lied von Paul Gerhardt. Da kommst auch vor, du und deine Geschwister, die anderen Sinnesorgane. „Dass unsere Sinne wir noch brauchen könnend." Das wollen wir nun gemeinsam singen, und du Ohr, kannst zuhören.

Hinhören und Weghören **M2**

Ohr (O), S(precher/innen) 1 und 2, Kathrin, Andrea, Mutter (M.)

O.: Das hat mir gut gefallen, das war genau das Richtige für mich, ein richtiger Ohrwurm.

S. 1: Aber manches geht auch durch beide Ohren hindurch.

O.: Das kann mir nicht passieren.

S. 2: Nein, du bist immer ganz Ohr. Aber bei uns Menschen ist das schon anders. Zum Beispiel:

Kathrin und Andrea kommen nach vorn und spielen, sie sind ganz vertieft in ihrem Spiel, da kommt von der Seite die Mutter, sie schaut den Mädchen zu

M.: Kathrin, Andrea, bitte kommt und räumt doch bitte euer Zimmer auf

S. 1: Siehst du, nichts geschieht.

O.: Natürlich, die beiden Mädchen waren so in ihrem Spiel vertieft, dass sie es gar nicht gehört haben.

S. 1: Da bin ich mir nicht so sicher. Pass mal auf!

Die beiden Mädchen spielen immer noch, die Mutter sieht noch einen Moment zu

M.: Ich war gerade einkaufen und dabei habe ich Eis mitgebracht.

Die beiden Mädchen horchen auf

M.: Das Eis steht in der Küche.

Kaum hat die Mutter ausgeredet stürzen die beiden Mädchen auch schon davon

S. 2: Siehst du. Oft geht es darum, ob wir etwas hören wollen oder nicht. Für manches sind wir wie taub.

O.: Wenn es etwas Unangenehmes ist.

S: 2: Genau, wenn wir etwas partout nicht hören wollen. Und manche sind auch taub für Gottes Wort.

O.: Versteh ich nicht. Gottes Wort ist doch wichtig. Gott will uns durch sein Wort doch helfen.

S. 1: Dann pass noch einmal auf!

Jesus predigt **M3**

Ohr (O), S(precher/in) 2, Benjamin (B.), Micha (Mi.), Mosche (Mo), Jesus (J.)

Benjamin, Micha und Mosche setzen sich mit dem Rücken zur Gemeinde, vor ihnen steht ein einfaches Lesepult

B.: Micha, weißt du schon das Neueste?

Mi.: Mir ist zu Ohren gekommen, dass Jesus heute bei uns predigen soll.

B.: dreht sich um Deshalb sind heute so viele Leute gekommen.

Jesus tritt auf und geht zum Lesepult

Mo.: Da vorne ist er.

B.: Ich weiß noch, wie er in der Werkstatt seines Vaters gespielt hat.

Mi.: Ein großer Prediger ist er nun. Das erzählt man sich überall.

Mo.: Ach, was die Leute so alles reden. Ein einfacher Zimmermann ist er und nichts mehr. Ich kenn ihn genau.

Mi.: Und warum bist du dann gekommen?

B.: Pst! Jesus beginnt.

J.: rollt die Schriftrolle auf, liest mit klarer, lauter Stimme Gottes Kraft ist in mir. Gott hat mich gesandt, dass ich den Armen gute Nachricht bringe: Die Gefangenen werden frei sein, die Blinden wieder sehen können, die Geplagten von ihrer Last befreit sein. Gott hat mich gesandt, dass ich das Jahr seiner Gnade verkündige.

rollt die Schriftrolle zusammen und sagt zur Gemeinde Heute ist dieses Wort vor euren Augen erfüllt worden. geht wieder fort

Mo.: Unerhört! Sich so aufzuführen!

B.: Aber, wenn das stimmt, was er gesagt hat?

Mo.: Was der schon zu sagen, den kennen wir doch alle. Das geht bei mir ins eine Ohr rein und aus dem anderen raus!

Mi.: Weil du es nicht glauben willst.

B.: Und nicht glauben kannst.

Mo.: Unsinn, ich bin nur nicht so blind wie ihr.

Mi.: Wer weiß! Auf jeden Fall bist du taub.

B.: Ein Prophet gilt eben nichts in seiner Vaterstadt.

Micha, Benjamin und Mosche nehmen ihre Stühle und gehen ebenfalls fort

O.: Da können die Ohren noch so groß sein. Wer nichts hören will, der hört eben nichts.

S. 2: Und wer nicht hören will … hinhören, zuhören, auf jemanden hören … wer das nicht kann und will, der merkt auch nicht, dass Gott zu ihm spricht.

O.: Dem geht's wie Mosche.

S. 2: Aber vielleicht kann man das auch gar nicht alleine: Hinhören, Zuhören, auf jemanden hören. Vielleicht brauchen wir jemanden, der uns hilft.

O.: Und wer soll das sein? Ich kann es jedenfalls nicht!

S. 2: Ich glaube, wir brauchen Gottes guten Geist, der uns unsre Ohren und unsre Herzen öffnet. überlegt „Und schick uns deinen Geist, der uns das Hören lehrt und dir folgen heißt" – da gibt es ein Lied! überlegt Ich weiß es jetzt! „Du hast uns, Herr, gerufen." Genau, das ist es!

O.: Das könnten wir doch jetzt einmal singen.

Uns blüht der Löwenzahn

Symbol

Löwenzahn

Leitgedanke

Kinder und Erwachsene leben zusammen

Personen

Pastor/in, 2 Sprecher/innen, Lektor/in, „Peter“ und „Ulrike“

Materialien

- Spanplatte, gelbes Tonpapier, Stifte
- zwei Schilder mit der Aufschrift: „Kindern ist das Ballspielen im Flur verboten“ / „Kindern ist das Spielen auf der Straße verboten.“
- Umrisszeichnung „Löwenzahn“
- „echte“ Löwenzahnpflanze
- Behälter mit Seifenlauge, um Seifenblasen herzustellen
- Ball
- Schulbuch

Vorbereitung

Aus Spanplatte wird eine hohe Mauer erstellt mit vielen Spalten und Ritzen. Die beiden Verbotsschilder „Kindern ist … verboten“ (s.o.) liegen bereit. Kleine Löwenzahnpflanzen werden in großer Anzahl aus gelber Pappe ausgeschnitten. Ein Teil wird während des zweiten Anspiels in die Mauer gesteckt, die anderen werden von den Gottesdienstbesucher/innen beschriftet. Eine größere Löwenzahnpflanze wird in einen Blumentopf gesteckt. Für die Kinder sind ausreichend viele Behälter zum Herstellen von Seifenblasen zu besorgen und bereit zu stellen.

Die Sprecher/innen erhalten Kopien von **M1–2**, markieren und proben ihre Rollen.

Ein Ball ist für das erste Anspiel und ein Schulbuch ist für das zweite Anspiel bereit zu halten.

Kinder spielen in unserer Gesellschaft immer noch eine Nebenrolle. Zwar hat sich vieles verbessert, aber das Bewusstsein hat sich noch nicht grundlegend verändert. Auch im Gottesdienst werden Kinder bisweilen als störend empfunden. Dieser Gottesdienst macht nun das Zusammenleben von Erwachsenen und Kindern zum Thema und er beschreibt es aus der Sicht der Kinder.

Zum Anfang

Vorspiel und Begrüssung

LIED

Die güldne Sonne voll Freud und Wonne (EG 449,1-4)

EINGANGSWORT

WORTE IM WECHSEL

nach Psalm 36 (PK 16)

GEBET

P.: Guter Gott,
wir danken dir,
dass du uns in dieser Nacht behütet hast und uns nun den neuen Morgen schenkst.
Du lässt deine Sonne scheinen,
wir freuen uns darüber.
Du redest zu uns, weil wir dir wichtig sind.
Hilf uns hören und auf dein Wort achten.
Amen.

HINFÜHRUNG ZUR LESUNG

L.: Vom Zusammenleben der Christen wird in der Bibel oft gesprochen. Das Leben Jesu kann uns dabei als Vorbild dienen. So wie Jesus die Menschen angenommen hat, sollen auch wir einander achten und akzeptieren. Wie er den Menschen vergeben hat, können auch wir verzeihen. Jeder Mensch war ihm wichtig gewesen, niemand sollte uns gleichgütig sein.

LESUNG

Kol 3,12-17

LIED

Dass Erd und Himmel dir blühen (LJ 361)

ANSPIEL

Spielen verboten (**M 1**)

Vor einer aus Spanplatte erstellten Mauer treten „Peter" – mit einem Ball unter dem Arm – und „Ulrike" auf. Während des Gesprächs werden die Schilder „Kindern ist das Ballspielen im Flur verboten" und „Kindern ist das Spielen auf der Straße verboten" hinter der Mauer hochgehalten.

Kinder sind wie Unkraut – lautet die bittere Erkenntnis von Peter und Ulrike. In der Welt der Erwachsenen kommen sie sich überflüssig, an den Rand gedrängt vor. Verbote engen ihren Lebensraum ein, zuletzt fühlen sie sich tatsächlich so lästig wie Unkraut.

LIED

Mein Gott, das muss anders werden (ML, B 81)

ANSPIEL

Der Löwenzahn blüht (**M2**)

Peter und Ulrike betrachten einen Löwenzahn in der Wand. Ein Schulbuch gibt Aufschluss über die Pflanze. Ulrike will den Löwenzahn in einen Blumentopf setzen, Peter widerspricht energisch. Aus allen Ritzen der Mauer treten kleine Löwenzahnpflanzen hervor.

Was als Kraut und was als Unkraut zu gelten hat, scheint recht zufällig gewählt zu sein. Immerhin sind im Löwenzahn erstaunliche Fähigkeiten verborgen. Das Schulbuch führt es vor. Und wenn das Unkraut gar nicht so unnütz ist, dann gilt das auch von den Kindern. Der Löwenzahn wird zu Peters und Ulrikes Symbolpflanze. Und etwas anderes geht ihnen auf: Der Löwenzahn setzt sich durch. Er verwandelt die triste Mauer in eine leuchtende Wand. So können auch die Kinder die Welt verändern.

AKTION

Löwenzahn

Gelbe Löwenzahnblüten aus Karton werden verteilt, in die Blüte wird geschrieben, was das Leben bunter, schöner, fröhlicher macht, eben lebenswerter, die Blätter werden eingesammelt und an die Mauer geheftet. Im Anschluss wird das Gespräch von Peter und Ulrike fortgesetzt.

LIED

Wo Blumen den Asphalt aufbrechen (MK 110)

Zum Weiterdenken

Pastor/in setzt mit der Geschichte von dem kleinen Max, dem Blumen auf dem Kopf wachsen den Leitgedanken des Anspiels weiter fort:

Die Erzählung gibt dem Wunderbaren des Lebens Raum und versetzt den, der für das Wunder offen ist, ins Staunen. Kinder haben dafür ein Gespür, sie entdecken das Wunderbare in unserer Welt und ihre Phantasie entwickelt Geschichten. Der Löwenzahn verwandelt sich in eine Pusteblume und seine Samen schweben wie kleine Fallschirme davon. Die Aktion „Seifenblasen" nimmt das auf und das Bild der vielen Seifenblasen bekommt Symbolbedeutung. Träume können platzen, aber für einen Moment tragen sie unsere Hoffnung und Wünsche weiter. Der Glaube gleicht einer Pflanze, die unser Leben zum Blühen bringen kann.

Es war einmal ein kleiner älterer Herr, der hieß Herr Moritz und hatte sehr große Schuhe und einen schwarzen Mantel dazu und einen langen schwarzen Regenschirmstock, und damit ging er oft spazieren. Als nun der lange Winter kam, der längste Winter auf der Welt in Berlin, da wurden die Menschen allmählich böse. Die Autofahrer schimpften, weil die Straßen so glatt waren, dass die Autos ausrutschten. Die Verkehrspolizisten schimpften, weil sie immer auf der kalten Straße rumstehen mussten. Die Verkäuferinnen schimpften, weil ihre Verkaufsläden so kalt waren. Die Männer von der Müllabfuhr schimpften, weil der Schnee gar nicht alle wurde. Der Milchmann schimpfte, weil ihm die Milch in den Milchkannen zu Eis gefror. Die Kinder schimpften. weil ihnen die Ohren ganz rot gefroren waren, und die Hunde bellten vor Wut über die Kälte schon gar nicht mehr, sondern zitterten nur noch und klapperten mit den Zähnen vor Kälte, und das sah auch sehr böse aus.

An einem solchen kalten Schneetag ging Herr Moritz mit seinem blauen Hut spazieren und er dachte: „Wie böse die Menschen alle sind, es wird höchste Zeit, dass wieder Sommer wird und Blumen wachsen." Und als er so durch die schimpfenden Leute in der Markthalle ging, wuchsen ganz schnell und ganz viele Krokusse, Tulpen und Maiglöckchen und Rosen und Nelken, auch Löwenzahn und Margeriten auf seinem Kopf. Er merkte es aber erst gar nicht, und dabei war schon längst sein Hut vom Kopf hoch gegangen, weil die Blumen immer mehr wurden und auch immer länger.

Da blieb vor ihm eine Frau stehn und sagte: „Oh, Ihnen wachsen aber schöne Blumen auf dem Kopf!" – „Mir Blumen auf dem Kopf?", sagte Herr Moritz. „So was gibt es gar nicht!" – „Doch! Schauen Sie hier in das Schaufenster. Sie können sich darin spiegeln. Darf ich eine Blume abpflücken?" Und Herr Moritz sah im Schaufensterspiegelbild, dass wirklich Blumen auf seinem Kopf wuchsen, bunte und große, und er sagte: „Aber bitte, wenn Sie eine wollen ..."

„Ich möchte gerne eine kleine Rose", sagte die Frau und pflückte sich eine. „Und ich eine Nelke für meinen Bruder", sagte ein kleines Mädchen, und Herr Moritz bückte sich, damit das Mädchen ihm auf den Kopf langen konnte. Und ein Junge auf einem Roller wollte Löwenzahn. Er brauchte sich aber nicht so sehr tief zu bücken, denn er war etwas kleiner als andere Männer. Und viele Leute kamen und brachen sich Blumen vom Kopf des kleinen Herrn Moritz, und es tat ihm nicht weh, und die Blumen wuchsen immer gleich nach. Und es kribbelte so schön am Kopf, als ob ihn jemand freundlich streichelte, und Herr Moritz war froh. dass er den Leuten mitten im kalten Winter Blumen geben konnte. Immer mehr Menschen kamen zusammen und lachten und wunderten sich und brachen sich Blumen vom Kopf des kleinen Herrn Moritz. Und keiner, der eine Blume erwischt hatte, sagte an diesem Tag noch ein böses Wort.

Aber da kam auf einmal auch der Polizist Max Kunkel. Max Kunkel war schon seit zehn Jahren in der Markthalle als Markthallenpolizist tätig, aber so was hatte er noch nicht gesehen! Mann mit Blumen auf dem Kopf! Er drängelte sich durch die vielen lauten Menschen, und als er vor denn kleinen Herrn Moritz stand, schrie er: „Wo gibt's denn so was! Blumen auf dem Kopf, mein Herr! Zeigen Sie doch mal bitte sofort Ihren Personalausweis!" Und der kleine Herr Moritz suchte und suchte und sagte verzweifelt: „Ich habe ihn doch immer bei mir gehabt, ich hab ihn doch in der Tasche gehabt!" Und je mehr er suchte, um so mehr verschwanden die Blumen auf seinem Kopf. „Aha", sagte der Polizist Max Kunkel, „Blumen auf dem Kopf haben Sie, aber keinen Ausweis in der Tasche!" Und Herr Moritz suchte immer ängstlicher seinen Ausweis und war ganz rot vor Verlegenheit, und je mehr er suchte – auch im Jackenfutter – um so mehr schrumpften die Blumen zusammen, und der Hut ging allmählich wieder runter auf den Kopf!

In seiner Verzweiflung nahm Herr Moritz seinen Hut ab, und siehe da, unter dem Hut lag in der abgegriffenen Gummihülle der Personalausweis. Aber was noch!? Die Haare waren alle weg! Kein Haar mehr auf dem Kopf hatte der kleine Herr Moritz. Er strich sich verlegen über den kahlen Kopf und setzte dann schnell den Hut drauf. „Na, da ist ja der Ausweis", sagte der Polizist Max Kunkel freundlich, „und Blumen haben Sie wohl auch nicht mehr auf dem Kopf, wie?!" – „Nein ..." sagte Herr Moritz und steckte schnell seinen Ausweis ein und lief, so schnell man auf den glatten Straßen laufen konnte, nach Hause.

Dort stand er lange vor dem Spiegel und sagte zu sich: „Jetzt hast du eine Glatze, Herr Moritz!"

Wie der Herr Moritz wohl wieder Haare auf den Kopf bekommt und dazu noch Blumen? Übrigens, ich kenne niemanden, dem schon einmal Blumen aus dem Kopf gewachsen sind, bei mir nicht und bei anderen auch nicht. Allerdings meinen einige, ich hätte Flausen im Kopf. Meine Eltern meinten das und nicht nur sie. Das ist vielleicht so etwas Ähnliches. Die kann man zwar nicht sehen, aber doch merken.

Der kleine Herr Moritz hatte Blumen im Kopf gehabt, in seinen Gedanken, in seiner Phantasie, in seinen Träumen, in seinen Hoffnungen. Und das war ansteckend, da wollte sich jede und jeder von diesen Blumen eine anstecken, um auch etwas zu haben von diesen Gedanken, die es selbst im Winter warm werden lassen, von diesen Träumen, die das Eis schmelzen lassen, von diesen Hoffnungen, die selbst in der bittersten Kälte Blumen blühen lassen.

Manche Erwachsene – wie der Polizist Kunkel – haben dafür kein Verständnis, da müssen Träume zerplatzen wie Seifenblasen. Ob die Geschichte so enden muss? Wolf Biermann, der sie geschrieben hat, hat sie so enden lassen. Trotzdem, ich meine, es ist ein offenes Ende. Und wie sie weitergeht, das liegt an uns. Ob wir uns alle Flausen und alle Phantasie austreiben lassen, oder ob wir nicht immer wieder andere nachwachsen lassen. Denn eine Welt ohne Träume, ohne Wünsche, bleibt nüchtern und kalt, dunkel und leer. Unsere Träume und Hoffnungen sind es, die die Welt verwandeln.

Der Löwenzahn verwandelt die Welt, aber er verwandelt sich auch selbst: Aus der Butterblume wird eine Pusteblume. Und wie kleine Fallschirme bringt sie ihren Samen in die ganze Welt. Nun haben wir keine Pusteblume, aber wir können selbst Pusteblume spielen und dazu bitte ich alle Kinder nach vorne.

AKTION

Seifenblasen

Die Kinder kommen in den Altarraum und erhalten die kleinen Behälter, um Seifenblasen herzustellen. Die Seifenblasen schweben leicht im Raum und schillern bunt im Licht.

Träume sind schön, schön wie eine Seifenblase, sie schweben leicht und sanft, in ihr spiegelt sich die Welt, bunt schillernd in tausend Farben. Träume können zerplatzen, zerplatzen wie eine Seifenblase. Aber sie dürfen nicht aufhören, nie nicht. Und ein Traum bringt tausend neue hervor und eine Hoffnung löst die andere ab. Unsere Wünsche, unsere Sehnsüchte verwandeln das Leben, verändern die Welt. Ein Löwenzahn, eine kleine Pflanze, sie setzt sich durch, durchbricht den Asphalt, bringt in das Grau des Alltags Farbe: frisches Grün und leuchtendes Gelb. Sie wächst und wird größer und schöner und verwandelt sich. Viele kleine Fallschirme senken sich zur Erde, verteilen die Hoffnung, pflanzen sie der Erde, den Menschen ein.

Unser Glaube ist so eine Pflanze, eine Pflanze der Hoffnung, sie kommt auch zu uns, will auch in uns wachsen und uns verändern. Unser Leben kann zu Gottes Paradiesgärtlein werden. Oder reißen wir ihn aus, weil nur das zählt, was praktisch ist, was man sehen und gebrauchen kann? Dann können wir auch den Glauben nicht gebrauchen, dann aber verwelkt auch das Leben. Weil unser Leben den Glauben braucht, weil wir Gott brauchen, weil er unsere Zeit verwandeln will zu einem Fest ohne Ende. Amen.

LIED

Alle Knospen springen auf (LJ 473)

Zum Abschluss

FÜRBITTENGEBET UND VATERUNSER

HINFÜHRUNG ZUM SEGEN

P.: Der Glaube wächst,
die Liebe reift,
die Hoffnung blüht.
Über Gottes Wunder dürfen wir staunen,
unseren Träumen und Wünschen dürfen wir nachsehen,
inmitten unserer Welt werden wir die Zukunft entdecken.
Gott wird uns die Augen öffnen und wir werden staunen.

SEGEN UND NACHSPIEL

Spielen verboten

M1

Regiehinweis:
Die folgenden Anspiele sollten möglichst von denselben Sprecher/inne/n gesprochen werden.

Peter (Pe.), Ulrike (U.)

Pe. kommt von links, hat unter dem Arm einen Ball, steht vor der Mauer, guckt missmutig herum; U. kommt von rechts, sieht Pe. da stehen und geht direkt auf ihn zu

U.: Wie guckst du denn?
Pe.: Ach, immer ist es dasselbe!
U.: Sag schon, was ist denn?
Pe.: Nichts darf man, vorhin habe ich ein bisschen Ball im Flur gespielt und gleich kommt schon die Müller wieder und tobt herum:

Schild wird hinter der Mauer hochgehalten: „Kindern ist das Ballspielen im Flur verboten"

Pe.: Kinder dürfen nicht auf dem Flur spielen. Außerdem ist jetzt Mittagszeit, da müssen alle ruhig sein. Geh nach draußen!
U.: Ach die Müller, was die immer hat.
Pe.: Für die zählen Kinder doch gar nicht. Kinder sind laut!
U.: Kinder machen Dreck!
Pe.: Kinder sind wie Unkraut!
U.: Na, so schlimm ist es doch auch nicht!
Pe.: Doch! Hat sie mal gesagt. Zu der Schmidt im dritten Stock. Hab ich selbst gehört.
U.: Gib mal deinen Ball. Ich will dich mal auf andere Gedanken bringen. Wirf ihn mir mal zu.

Pe. und U. spielen vor der Mauer Ball. Nachdem sie sich einige Male den Ball zugeworfen haben, geht ein Schild hoch: Kindern ist das „Spielen ist auf der Straße verboten". Pe. und U. halten mit dem Ballspielen inne, schauen das Schild an, schauen sich an, ziehen die Schultern hoch

U.: Ich fürchte, du hast Recht.
Pe.: Wie?
U.: Das mit dem Unkraut. Im Flur dürfen wir nicht spielen.
Pe.: Zu laut!

U.: In der Wohnung dürfen wir nicht spielen.
Pe.: Zu klein!
U.: Auf der Straße dürfen wir nicht spielen.
Pe.: Zu gefährlich!
U.: Auf dem Rasen dürfen wir nicht spielen.
Pe.: Das Betreten des Rasens ist strengstens verboten!
U.: Unkraut hat auf dem Rasen auch nichts zu suchen.
Pe.: Wir sind aber kein Unkraut!
U.: Ich will kein Unkraut sein!
Pe.: Komm, gehen wir wieder ins Haus!
U.: Ich muss noch Hausaufgaben machen.
Pe.: Ich muss noch Bio machen, „Die heimischen Pflanzen!"

P. und U. gehen ab

Der Löwenzahn blüht **M2**

Peter (Pe.), Ulrike (U.)

U. und Pe. stehen vor der Mauer und betrachten eine kleine Pflanze an der Mauer

U.: Weißt du, was das für eine Pflanze ist?
Pe.: Wieso ich?
U.: Du hast doch gestern gesagt, dass ihr in der Schule die heimischen Pflanzen durchnehmt.
Pe.: Ja, sicher. Lass mich mal überlegen. Das ist gar keine richtige Pflanze, das ist Löwenzahn, das ist doch bloß Unkraut.
U.: Unkraut sind auch Pflanzen.
Pe.: Aber nicht so direkt.
U.: Wieso?
Pe.: Naja, sie sind doch unnütz.

Peter will die Pflanze herausreißen, aber Ulrike hält ihn ab

U.: Wer sagt das denn? Und außerdem ist Löwenzahn schön.
Pe.: Findest du?
U.: Guck doch mal genauer hin. Wenn man nur daran vorbeigeht, dann kann man seine Schönheit auch nicht sehen.
Pe.: Manche Leute stechen ihn auch aus dem Rasen aus. Weil er sie stört. Löwenzahn hat auf dem Rasen nichts zu suchen!
U.: Kinder haben auf dem Rasen nichts zu suchen!
Pe.: Kinder sind …

U.: Unkraut!
Pe.: Die Meier!
U.: Unkraut vergeht nicht!
Pe.: Unkraut setzt sich durch!
U.: Unkraut ist schön!
Pe.: Unkraut ist nützlich!
U.: Unkraut ist nützlich – wieso?
Pe.: Warte, da hol' ich gerade mein Schulbuch.

Pe. verschwindet hinter der Mauer und kommt mit seinem Schulbuch wieder

Pe.: Der Löwenzahn, Taraxacum officinale, ist überall auf der nördlichen Erdhalbkugel zu Hause. Bewundernswert ist seine große Anpassungsfähigkeit und seine Genügsamkeit. Der Löwenzahn wächst und blüht in Betonrissen auf Parkplätzen, zwischen Pflastersteinen in der Stadt, auf alten Mauern ebenso wie auf Wegen, Feldern und Wegrändern. Je nach Bodenbeschaffenheit wächst er mal üppig und groß, mal zierlich und klein.
Die goldgelben Blütenstände leuchten schon im Frühling; bereits im März beginnt der Löwenzahn zu blühen. Nach dem Abblühen wird aus der gelben Blüte ein silberweißer, kugeliger Fruchtstand, die „Pusteblume", mit Samen, die ein fallschirmähnliches Anhängsel besitzen.
Kein Wunder, dass eine so hübsche und eigenartige Pflanze schon sehr früh die Aufmerksamkeit der Menschen auf sich zog. Im Frühling aß man die Blätter als Salat, um das Mineralstoff- und Vitamindefizit aus der kalten Jahreszeit auszugleichen; man benutzte den Löwenzahn zur so genannten Blutreinigungs-Kur; und nicht zuletzt bediente man sich seiner Wasser treibenden, Niere und Blase aktivierenden Eigenschaften als Heiltee. Rheumakranke probierten ihn aus und fanden Linderung, Galle- und Leberkranke waren mit seiner Wirkung zufrieden, und wer unter unreiner Haut litt, der machte eine Löwenzahntee- oder Löwenzahnsaftkur.
U.: Ist ja total praktisch. Von wegen unnütz, von wegen Unkraut! Pah, wenn die alle wüssten, wie wichtig der Löwenzahn ist. Und außerdem: Schön gelb ist er auch!
Pe.: Rasen ohne Löwenzahn finde ich langweilig!
U.: Rasen ohne Kinder ist langweilig!
Pe.: Löwenzahn ist unsere Blume!

U. mit einem Blumentopf

Pe.: Was hast du da vor?
U.: Nun, ich pflanze den Löwenzahn um. Im Blumentopf hat er es doch viel besser.
Pe.: Meinst du nicht, dass er da in die Mauer hineingehört? So ein Löwenzahn findet selbst in der kleinsten Ecke seinen Platz. Und außerdem ist er ganz widerstandsfähig.
U.: Unkraut vergeht nicht!
Pe.: Eben! Er kommt sogar durch Asphalt durch.

Aus allen Mauerfugen kommen Löwenzahnblumen. Sie werden in die Ritzen und Lücken der Mauer gesteckt

U.: Sieht das gut aus!
Pe.: Wenn das die Müller sehen würde!
U.: Vielleicht würde ihr das sogar gefallen.
Pe.: Etwas Farbe in das Leben bringen ...
U.: Weißt du was, Peter, ohne Unkraut wäre es doch langweilig ...
Pe.: ... ohne uns wäre es langweilig ...
U.: Löwenzahn verändert das Leben.
Pe.: Es kommt eben darauf an, was man daraus macht.
U.: Müssten wir eigentlich weitersagen ... den anderen Kindern, den Erwachsenen, der Frau Müller... .
Pe.: Der auch?
U.: Der erst recht!
Pe.: Ob die auch so gute Ideen haben?
U.: Warum nicht?
Pe.: Weißt du was, wir probieren das einfach aus! Wodurch wird das Leben schöner, bunter, fröhlicher? Das fragen wir ganz einfach.

Aktion Löwenzahn

U.: Das sind eine ganze Menge toller Vorschläge.
Pe.: Wie schön, dass es den Löwenzahn gibt!
U.: Wie gut, dass es uns Kinder gibt!
Pe.: Uns allen blüht der Löwenzahn...

Wir feiern Geburtstag

Symbol
Blume

Leitgedanke
Alle Glaubenden bilden eine Gemeinschaft

Biblischer Bezug
Apostelgeschichte 2,1-41

Personen
Pastor/in, 7 Sprecher/innen

Materialien
- Styropor,
- kräftiger Stiel,
- gelbe Pappe,
- Eimer mit Erde,
- weißes Tonpapier,
- Draht

Vorbereitung

Für die „Geburtstagsblume" wird auf einem kräftigen Stil eine große runde Styroporscheibe gesteckt. Die Vorder- und Rückseite wird jeweils mit einer in derselben Größe ausgeschnittenen gelben Pappe verkleidet, die dem Blumenkern zugleich Halt gibt. Die Vorderseite wird mit „Heiliger Geist" beschriftet. Der Stiel wird anschließend in einen Eimer mit Erde gesteckt. Im Verlauf der Spielszene werden die einzelnen beschrifteten Blumenblätter hineingesteckt. Aus dem weißen Tonpapier werden Blütenblätter ausgeschnitten, auf die die Namen einzelner Personen geschrieben werden (Petrus, Martin Luther, Elisabeth von Thüringen …)

Die Sprecher/innen erhalten **M1** und **M2**, markieren und proben ihre Rollen.

Der Eimer mit der noch unfertigen „Geburtstagsblume" wird im Altarbereich aufgestellt. Die einzelnen Blütenblätter werden vor dem Gottesdienst an die Gemeinde verteilt.

Zu Pfingsten ist die Kirche entstanden, also ist Pfingsten das Geburtstagsfest der Kirche. Eine Blume gehört zur Feier und viele Menschen, Kinder, Jugendliche wie Erwachsene. Im Gottesdienst konstituiert sich immer wieder die Gemeinschaft aller Gläubigen, sie feiert Gottes Gegenwart. Dieser Familiengottesdienst macht die Kirche selbst zum Thema, Anlass ist das Pfingstfest. Der Gottesdienst kann in ein Gemeindefest übergehen oder es kann sich ein Kirchenkaffee anschließen.

Zum Anfang

VORSPIEL

ANSPIEL

Wir feiern Geburtstag (**M1**)

In dem Gespräch zwischen den vier Sprecher/innen entwickelt sich eine Idee: Da Pfingsten die Geburtsstunde der Kirche ist, kann man diesen Tag eigentlich auch als Geburtstagsfest begehen. Und was zunächst wie eine fixe Idee beginnt, fängt langsam an, Gestalt zu gewinnen.

LIED

O komm du Geist der Wahrheit (EG 136,1.7)

EINGANGSWORT UND BEGRÜSSUNG

WORT IM WECHSEL

nach Palm 150 (PK 50)

GEBET

P.: Manchmal brauchen wir jemanden,
mit dem wir über alles sprechen können.
Manchmal brauchen wir jemanden,
der uns wieder aufrichtet,
wenn wir niedergeschlagen sind.
Manchmal brauchen wir jemanden,
der uns anstößt und weiterhilft,
wenn alles wie verfahren aussieht.
Gott, wir brauchen dich.
Gib uns deinen guten Geist.

LESUNG

Die Pfingstgeschichte (Apostelgeschichte 2,1-41)

LIED

Am hellen Tag kam Jesu Geist (LJ 342)

Zum Hineinkommen

ANSPIEL

Die Geburtstagsblume (**M 2**)

Zunächst treten die Sprecher 5 und 6 auf. Gemeinsam setzen sie die Geburtstagsblume zusammen. Die einzelnen Blütenblätter, die vor dem Gottesdienst an die Gemeinde verteilt worden sind, werden nach und nach in die Styroporscheibe gesteckt. Sprecher 7 kommt später hinzu und ergänzt die Blume mit den restlichen Blütenblättern.

Wenn vom Geburtstag der Kirche die Rede ist, dürfen auch all die vielen Männer und Frauen nicht vergessen werden, die das Leben der Kirche geprägt haben. Exemplarisch sind einige Personen ausgewählt worden, hier können auch Gestalten aus der Ökumene hinzugefügt werden. Aber es gehören genauso all die Erwachsenen und Kinder dazu, die heute das Bild der Gemeinde bestimmen. Auch wenn ihre Namen nicht so bekannt sind, so sind für das Leben der Kirche genauso wichtig.

LIED

Wenn unsere Kirche Geburtstag hat (GL 106)

Zum Weiterdenken

Pastor/in nimmt das Bild der Blume auf und erzählt die Geschichte von der Rose, die Rainer Maria Rilke einer Bettlerin geschenkt hat. Die Frau lebt von dieser Blume ebenso so sehr wie von dem Almosen, das sie erhält. Die Rose ist mit einer Geste der Zuneigung verbunden und das verändert das Leben der Frauen so sehr, dass sie für einen Moment aufblüht. Die Blume wird zum Symbol der Kirche, die verschiedenen Menschen wirken in ihr. Sie leben in ihr, sie leben mit ihr, sie leben von ihr. Die unterschiedlichen Personen ergänzen einander, aber zugleich ist die Kirche auch mehr als die Summe aller Glieder. Der Heilige Geist ist der Ursprung und die Mitte der Kirche.

Rainer Maria Rilke ging in der Zeit seines Pariser Aufenthaltes regelmäßig über einen Platz, an dem eine Bettlerin saß, die um Geld anhielt. Ohne je aufzublicken, ohne ein Zeichen des Bittens oder Dankens zu äußern, saß die Frau immer am gleichen Ort. Rilke gab nie etwas, seine französische Begleiterin warf ihr häufig ein Geldstück hin. Eines Tages fragte die Französin verwundert, warum er nichts gebe. Rilke antwortete: „Wir müssten ihrem Herzen schenken, nicht ihrer Hand." Wenige Tage später brachte Rilke eine eben aufgeblühte weiße Rose mit, legte sie in die offene, abgezehrte Hand der Bettlerin und wollte weitergehen. Da geschah das Unerwartete: Die Bettlerin blickte auf, sah den Geber, erhob sich mühsam von der Erde, tastete nach der Hand des fremden Mannes, küsste sie und ging mit der Rose davon. Eine Woche lang war die Alte verschwunden; der Platz, an dem sie vorher gebettelt hatte, blieb leer. Nach acht Tagen saß sie plötzlich wieder wie früher an der gewohnten Stelle. Sie war stumm wie damals, wiederum nur ihre Bedürftigkeit zeigend durch die ausgestreckte Hand. „Aber wovon hat sie denn in all den Tagen gelebt?", fragte die Französin. Rilke antwortete: „Von der Rose."

Eine Rose als Zeichen der Zuneigung und eine Blume als Symbol der Kirche. Vom Heiligen Geist als Mittelpunkt gehen die vielen Blütenblätter ab, beschriftet mit Namen, die selbst wieder symbolisch für viele Namen stehen, für die Frauen und Männer, die großen und kleinen, die bedeutenden und unbekannten Christen in der ganzen Welt und zu allen Zeiten, die auf ihre Weise dafür gesorgt haben, dass die Kirche lebt, dass sie blüht und dass andere Menschen sich darüber gefreut haben, dass sie – wie die Bettlerin in der Geschichte – von ihr gezehrt, von ihr gelebt haben.

Eine Blume als Zeichen der Kirche. Und wir, wir sind Teil dieser Blume. Ein einzelnes Blütenblatt, das würde der Wind verwehen, das wäre schnell welk, das würde bald verderben. So kann das auch mit uns und unserem Leben sein. Wir brauchen die Gemeinschaft, allein sind wir verloren. Wir brauchen die Lebendigkeit der Kinder, die Herausforderung der Heranwachsenden, die Erfahrung der Älteren, wir brauchen die Begeisterung der Jungen und die Besonnenheit der Alten. Erst wenn wir diese ganzen Eigenschaften zusammenfügen, dann ist auch Gemeinschaft da, dann merken wir, wie wir uns ergänzen und wie wir einander brauchen. Der Heilige Geist fügt uns zusammen, er lässt die Kirche blühen. Er bewegt uns und hält uns zusammen. In unserer Geburtstagsblume steht er im Zentrum, ist Anfang und Mitte. Ohne ihn gäbe es keine Kirche und ohne ihn gibt es auch keine Zukunft. Ihm verdanken wir diesen Tag.

Pfingsten ist der Geburtstag der Kirche, das Fest aller Christen. Und ich bin eingeladen. Pfingsten ist auch mein Fest. Amen.

Lied

Unser Leben sei ein Fest (LJ 616)

Zum Abschluss

FÜRBITTENGEBET UND VATERUNSER

HINFÜHRUNG ZUM SEGEN

P.: Gottes Geist sei mit uns,
er schenke uns Liebe, wenn wir uns verlassen fühlen,
er gewähre uns Kraft, wenn wir uns am Ende meinen,
er gebe uns Besonnenheit, wenn Aufgaben uns fordern.

SEGEN UND NACHSPIEL

Wir feiern Geburtstag **M1**

Regiehinweis:
Die folgenden Anspiele sollten möglichst von denselben Sprecher/inne/n gesprochen werden.

S(precher/innen) 1-4

S. 1: Heute feiern wir Geburtstag! Prima!
S. 2: Feiert Ihr mit? Klar!
S. 3: Wir feiern gerne Geburtstag. Da gibt es Kuchen und Kaffee oder Limo und Spiele, die Spaß machen. Wir bringen auch Geschenke mit und wenn du willst, auch Blumen und so.
S. 1: Was hättest du denn gerne zum Geburtstag?
S. 2: Na also, sag schon, was du dir wünschst.
S. 1: Ich hab' auch noch was von meinem Taschengeld gespart.
S. 2: Also – was wünschst du dir zum Geburtstag?
S. 3: Ich? ... Wieso ich? Ich hab doch gar nicht Geburtstag
S. 2: Du hast aber doch von Geburtstag geredet. Wo feiern wir denn?
S. 1: Hier!
S. 3: Wieso hier?
S. 4: Hier wohnt doch keiner.
S. 2: Hier ist doch eine Kirche.
S. 3: Wer sollte hier schon Geburtstag feiern ...
S. 1: Na, die Kirche. Heute hat die Kirche Geburtstag.
S. 2: Nun mach doch keinen Unsinn – wie kann die Kirche Geburtstag feiern?
S. 3: Da gibt's bestimmt keinen Kuchen ...
S. 4: und keinen Kaffee ...
S. 2: und keine Limo ...
S. 4: oder Spiele.
S. 1: Das könnte man durchaus einmal machen, wenn auch nicht heute, vielleicht im Kindergottesdienst, wenn man das rechtzeitig plant. Jedenfalls hat heute die Kirche Geburtstag.
S. 3: Was haben wir denn heute?
S. 2: Den ...
S. 4: Pfingsten!
S. 1: Siehste! Das ist es. Nicht ... Pfingsten hat alles angefangen.
S. 2: Mit der Kirche?

S. 1: Pfingsten ist die Kirche sozusagen auf die Welt gekommen.
S. 3: Erzähl doch mal.
S. 1: Gleich, jetzt wollen wir zuerst einmal singen.

Die Geburtstagsblume **M2**

S(precher/innen) 5-7

S. 5 geht zur Blume und versucht, sie vor den Altar zu ziehen

S. 5: Du! Hilf mir doch mal!
S. 6: steht auf und kommt Das ist aber ziemlich schwer! Was soll denn das werden?
S. 5: Wir haben's gleich. So, jetzt steht sie richtig.
S. 6: Was soll denn das sein?
S. 5: Naja, du hast doch gehört: Wir feiern heute Geburtstag und da dachte ich, dazu bringe ich eine Blume mit.
S. 6: Aha, die Geburtstagsblume!
S. 5: Genau!
S. 6: Aber merkwürdig sieht die Blume schon aus.
S. 5: Wieso? Das Wichtigste ist doch schon da!
S. 6: liest Gottes Geist. schaut S. 5 an Gottes Geist?
S. 5: Natürlich! Ohne Gottes Geist gäbe es keine Kirche. Ohne Gottes Geist wären die Jünger stumm zu Hause geblieben. Der Geist hat sie mutig gemacht. Der Geist hat sie bewegt. Und sie haben allen von Jesus Christus erzählt. Ohne Geist gäbe es kein Pfingsten. Ohne Geist gäbe es keine Kirche. Ohne Geist wären wir nicht hier.
S. 6: Du redest ja wie ein Pastor. Aber du hast Recht. Ohne Gottes Geist wäre alles anders gekommen.
S. 5: Ja, genau. Ohne Geist wäre nichts passiert. Der Geist Gottes hat alles verändert.
S. 6: Trotzdem, ich finde, der Geburtstagsblume fehlt noch etwas. So sieht sie noch nackt aus. Ich hab's: Es fehlen die Blütenblätter, ähm, ich meine: die Menschen. Eine Kirche ohne Menschen, das ist doch keine Kirche. Menschen, das ist es, die fehlen.
S. 5: ... und zum Beispiel?

S. 6: Fangen wir doch ganz vorne an. Du hast doch gerade das Lied „Am hellen Tag kam Jesu Geist" gesungen. Da wurde ein Jünger mit Namen genannt.

S. 5: Ja, natürlich! Aber das wissen die Kinder doch auch. Wer weiß, wen ... meint?

S. 6: Wer von euch hat das Blütenblatt mit dem *Petrus* drauf. – Komm doch bitte nach vorne. S. 5 steckt das Blütenblatt in die Mitte der Blume So, hier kommt Petrus hin.

S. 5: Mir fällt noch jemand ein. Er hat vor über 485 Jahren die Kirche erneuert. Er wollte, dass sich die Kirche nur nach dem Wort Gottes richtet. Seine 95 Thesen haben die Kirche verändert und ihn berühmt gemacht.

S. 6: Oh, das müssen die Erwachsenen wissen. Wer ist gemeint? Seien Sie ruhig mutig. Und wer hat das Blütenblatt mit *Martin Luther?* Das wollen wir jetzt auch anstecken.

S. 5: Als du vorhin das Lied angekündigt hast, musste ich sofort an *Paul Gerhardt* denken, der viele Liedtexte geschrieben hat und damit die Botschaft von Jesus Christus unter den Menschen bekannt gemacht hat.

S. 6: Weißt du, drei Männer haben wir schon, aber noch keine einzige Frau!

S. 5: Kennst du *Elisabeth von Thüringen?*

S. 6: So ganz sicher bin ich mir nicht.

S. 5: Vielleicht können uns da die Frauen der Frauenhilfe weiterhelfen.

S. 6: Meinst du?

S. 5: Bestimmt! Wer von den Frauen kann uns weiterhelfen?

S. 6: Pass auf, ich gucke jetzt herum, ob ich noch mehr Namen finde. Und du hilfst mir dann weiter.

S. 5: Einverstanden!

S. 6: Hier steht *Johann Hinrich Wichern.*

S. 5: Oh, ja. Wichern hat den Kindergottesdienst in Deutschland eingerichtet. Das war vor 170 Jahren.

S. 6: Solange gibt es schon den Kindergottesdienst? Da staun ich! Warte mal, da lese ich noch einen Namen: *Auguste Victoria.* Das war doch Deutschlands letzte Kaiserin. Was macht die denn hier?

S. 5: Sie ist hier auch ganz richtig. Kaiserin Auguste Victoria hat nämlich die Frauenhilfe gegründet.

S. 6: schaut sich in der Gemeinde um und liest *Dietrich Bonhoeffer.*

S. 5: Wo?

S. 6: Dort! Dietrich Bonhoeffer gehört zu den mutigen Männern und Frauen, die den Mut hatten, auch in gefährlichen Zeiten die Wahrheit zu sagen.

S. 5: Dazu brauchte er bestimmt viel Kraft,

S. 6: Ja, die Kraft des Heiligen Geistes

S. 6: So, jetzt hätten wir eine ganze Reihe von Namen. Viel mehr fallen mir nicht ein!

S. 5: Dass müsste auch erstmal reichen.

S. 6: Aber etwas dünn sieht unsere Blume doch noch aus.

S. 7: kommt und liest die Namen Lauter prominente Namen. Aber die Kirche besteht nicht nur aus so bekannten Leuten. Was wäre der Kindergottesdienst ohne *Kinder?*

S. 5: Du hast ja Recht! Und was wäre die Frauenhilfe ohne Frauen.

S. 6: Jetzt dürft Ihr aber die *Männer* nicht vergessen. Die gehören auch zur Kirche!

S. 7: Und die vielen Mitarbeiter!

S. 5: Die *Presbyter.*

S. 6: Der Chor.

S. 7: Posaunenchor, Kirchenchor, Kinderchor, Flötenkreis ...

S. 5: Es reicht! Es gibt auch noch andere!

S. 6: Denkt auch an die *Jugendmitarbeiterinnen* und *Jugendmitarbeiter!*

S. 7: Und wie ist es mit den *Mitarbeitern* und *Mitarbeiterinnen* im *Kindergottesdienst?*

S. 5: ... und die Küsterinnen und Küster, die Organistinnen und Organisten, die Pastorinnen und Pastoren, die Diakone und Diakonieschwestern und...

S. 7: Und, und, und ... Die können wir gar nicht alle aufführen.

S. 5: Ich schlage vor, für sie alle nennen wir nur die *Diakonieschwestern.* Sie zeigen uns, wie Glaube und Nächstenliebe praktisch aussehen.

S. 6: Jetzt müssen wir aber die ganzen Blütenblätter erstmal anheften.

S. 5: Und währenddessen hören wir den Flötenkreis.

Die Kinder stecken die übrigen Blütenblätter an, wobei sie von den Helfern unterstützt werden

Sein Haus hat offene Türen

Symbol
Haus

Leitgedanke
Unter einem Dach zusammen leben

Theologischer Bezug
Pfingsten

Personen
Sprecher/in, Lektor/in, „Marion“ (11 Jahre alt), „Klaus“ (13 Jahre alt), Frau Schulte, Frau Schmidt, Frau Meier (Rentnerin)

Materialien
- Spanplatte
- Zeichenblockpapier
- rotes Tonpapier
- evtl. eine Leine

Vorbereitung
Aus einer Spanplatte wird die Vorderseite eines Hauses mit zwei Etagen und einem Dach mit Gauben erstellt. Eine Tür ist eingezeichnet und die Fenster haben Läden. Im Kindergottesdienst wurden verschiedene Haustypen gemalt sowie Stichworte von Begriffen gesammelt, die für das Zusammenleben wichtig sind, und auf rotes Tonpapier geschrieben.

Die Sprecher/innen erhalten **M**, markieren und proben ihre Rollen. Das Haus wird im Altarbereich gut sichtbar aufgestellt. Der Gottesdienstraum wird mit den Bildern geschmückt, die die Kinder gemalt haben. Die Tonpapierblätter mit den Stichwörtern liegen zum Aufhängen im Gottesdienstraum bereit. Sie können zum Beispiel an einer Leine angeheftet werden.

Das Haus ist der Ort des Lebens und des Zusammenlebens. Wenn verschiedene Personen und Familien in einem Haus miteinander leben, gibt es auch Reibungen. Die Interessen der verschiedenen Generationen lassen sich nicht leicht unter Dach und Fach bringen. Zugleich liegt darin auch die Chance, sich zu ergänzen, voneinander zu lernen und gemeinsam Leben zu gestalten. Pfingsten stiftet Gemeinschaft und fördert die Kommunikation. Das Pfingstwunder erinnert uns daran, dass wir in unserem Zusammenleben auf den Geist Gottes bleibend angewiesen sind. Dieser Familiengottesdienst ist aufwändig. Im Kindergottesdienst ist das Thema vorzubereiten, sind die verschiedenen Haustypen zu malen und die Bausteine für das Fürbittengebet zu erstellen. Das Symbol „Haus“ ist möglichst groß zu bauen. Wichtig ist, dass die verschiedenen Fenster zu öffnen sind. Hinter den geöffneten Fenstern sollten Bilder von den dort lebenden Personen zu sehen sein. Der Gottesdienst lässt sich gut in ein Gemeindefest fortsetzen. Die Kirche als das Haus Gottes wird dann zum Symbol einer umfassenden Gemeinschaft.

Zum Anfang

Vorspiel und Begrüssung

LIED

Wir kommen hier zusammen (LJ 426)

EINGANGSWORT

WORTE IM WECHSEL

nach Psalm 92 (PK 29)

GEBET

P.: Guter Gott, du hast uns in dein Haus eingeladen,
du kennst uns und weißt, wie verschieden wir sind,
heute sind wir froh und dankbar zusammen,
morgen ärgern wir uns aneinander und streiten uns.
Wir brauchen deine Hilfe, damit unser Leben gut wird.
Schenke uns deinen Geist, damit wir aufeinander achten,
einander helfen, beistehen und auch trösten. Amen.

LESUNG

Apostelgeschichte 2,42-47

LIED

Komm, bau ein Haus (ML, B 83)

Zum Hineinkommen

ANSPIEL

Leben unter einem Dach (**M**)

Sprecher/in geht zu dem aufgestellten Haus und stellt die verschiedenen Personen vor, die gemeinsam unter einem Dach wohnen und interviewt einige von ihnen. Dabei werden auch die Probleme des Zusammenlebens deutlich.

Eine junge Familie wohnt in dem Haus, die Schultes. Die Eltern freuen sich über ihr Baby. Allerdings gibt es bisweilen auch Krach im Haus. Die Schmidts haben zwei Kinder, Klaus und Marion, und wie alle Geschwister streiten sie sich ganz gerne. Nicht zu vergessen ist auch Frau Meier, sie ist fast 80 Jahre und fühlt sich oft alleine. Sie alle leben mehr nebeneinander als miteinander, bis eines Tages einer von ihnen eine Idee hat.

LIED

Komm, sag es allen weiter (EG 225,1-3)

Zum Weiterdenken

Pastor/in stellt Mutmaßungen über Marions Idee an und entwickelt den Plan eines Hausfestes. In den Vorbereitungen und der Feier des gemeinsamen Festes kommen sich die Hausbewohner näher. Sie erfahren mehr voneinander und finden auch mehr Verständnis füreinander. Pfingsten ist das Fest, das die verschiedenen Menschen miteinander verbindet. Gottes Geist schließt sie zusammen zur gegenseitigen Hilfe und in gemeinsamer Hoffnung.

Was die Marion ihrem Bruder wohl ins Ohr geflüstert hat? In den nächsten Tagen hat man sie an allen Türen des Hauses klingeln sehen, bei den Schultes oben, bei der Frau Meier von nebenan, bei den Müllers, den Schulzes und selbst bei den Wächters. Und dann gingen seltsame Dinge im Hause vor. In allen Wohnungen, so schien es, bereitete man sich auf ein großes Fest vor. Man sah Einkaufstüten, man hörte auf dem Flur Leute tuscheln, man war gespannt.

Und dann kam Pfingsten und in dem gelben Haus, ganz am Ende der Straße, gab es ein großes Hausfest. Jeder hatte etwas vorbereitet. Frau Meier hatte Kuchen gebacken, die beiden Schultes haben einen Salat gemacht und die Schmidts haben den Raum hergerichtet und schön geschmückt. Herr Schulte hatte sogar seine Gitarre wieder hervorgeholt und alle haben zum Schluss gemeinsam gesungen. Ein solches Hausfest hat das gute alte Haus noch nie erlebt und auch die Nachbarn haben sich gewundert, was da wohl los ist. Vielleicht gibt es im nächsten Jahr sogar ein Straßenfest.

Man hat aber nicht nur miteinander gefeiert. Es wurde auch über vieles gesprochen, nicht nur so im Vorübergehen, im Flur und zwischen Tür und Angel. Nein, diesmal haben sie sich alle Zeit gelassen. Klaus und Frau Meier haben sich schon für den nächsten Tag verabredet. So manches Mal hat Klaus für Frau Meier Einkaufstaschen getragen und einiges für sie im Ort erledigt. Ach ja, und zu Weihnachten hat Klaus von ihr sogar ein Geschenk bekommen – damit hat er gar nicht gerechnet – und als er das Päckchen aufmachte, was war wohl drin? Ein großer Kopfhörer! Aber das war viel später.

Auch Frau Schulte und Marion haben sich verabredet und abgemacht, dass Marion hin und wieder auf das Kind aufpasst. Und Marion war schon sehr gerührt, dass Frau Schulte ihr das zutraute. Über vieles wurde gesprochen an diesem Tag, manches konnte geklärt werden und auch Vorurteile wurden ausgeräumt. Über einiges hat man sich auch geeinigt, wie zum Beispiel über die Mittagsruhe.

Warum das alles zu Pfingsten? Ob das Zufall war? Kann sein, ich vermute aber nicht. Ich glaube, das hat etwas mit der Pfingstgeschichte zu tun.

Da waren am Anfang die Jünger eingeschlossen in ihrem Haus. Sie hatten Angst. Sie trauten sich nicht heraus. Sie hatten Angst vor den Menschen, weil sie doch zu Jesus gehörten. Und was werden die Menschen, nachdem sie Jesus umgebracht haben, mit ihnen tun?

Und dann passierte etwas ganz Merkwürdiges. Ein Wind kam und alle Fenster und Türen gingen auf. Die Jünger sangen so laut, dass alle es hören konnten. Und alle verstanden sie. Das macht der Geist Gottes, hat Petrus ihnen erklärt. Der macht es, dass einer den anderen versteht.

Und manchem gingen da die Augen auf: Jesus, ja, den kannten sie. Sie haben gehört, wie er von der Liebe Gottes sprach. Sie haben gesehen, wie er den Menschen geholfen hat. Und sie haben auch zugeschaut, weil er gestorben ist. Aber jetzt spüren und wissen sie: Dieser Jesus ist nicht tot. Er ist noch immer bei uns. Jesus lebt! Er spricht zu uns, er hilft uns; er will, dass wir uns verstehen. Viele ließen sich taufen. 3000 sollen es gewesen sein. Und sie haben sich in den Häusern getroffen. Sie waren wie eine große Familie. Das war das erste Hausfest zu Pfingsten. So haben die Menschen das erste Mal Pfingsten gefeiert.

Und etwas von diesem Geist war auch in dem Fest unseres Hauses zu spüren. Gottes Geist wirkt durch die Menschen. Er wirkt in uns und durch uns. Er will, dass auch wir uns verstehen, dass wir einander zuhören, einander ernst nehmen und aufeinander eingehen. Natürlich herrscht dann nicht mit einemmal überall eitel Sonnenschein. So schnell und so einfach geht das nicht. Auch in unserem Haus nicht. Aber indem man sich näher kommt, erfährt man etwas mehr von dem anderen, weiß man von dem, was ihn beschäftigt, hört man von seinen Freuden, Nöten und Wünschen. Manchmal ist es einfach gut, mit jemandem reden zu können. Und oft ist man hinterher auch erleichtert. Und es ist schön, zu wissen, andere denken an mich.

Ich höre Frau Meier noch sagen: „Pfingsten wollte er doch kommen, das hatte er fest versprochen." Ihr Sohn ist zu Pfingsten nicht gekommen, aber dafür ist etwas anderes geschehen. Sie hat Menschen gefunden, die für sie da sind und denen sie eine Freude bereiten kann. So kann Pfingsten auch aussehen, so kann Gottes Geist Menschen zusammenführen und verbinden. Und ein solches Pfingstfest wünsche ich uns auch. Fröhliche und schöne Pfingsten!

LIED

Eine Brücke lasst uns bauen (LJ 510)

Aktion

Bausteine des Zusammenlebens

Im Kindergottesdienst wurde über das Zusammenleben gesprochen und darüber nachgedacht, was wir brauchen, damit das gemeinsame Leben gelingt. Die Stichworte wurden auf roter Pappe geschrieben und werden nun zusammen mit den Kindern im Gottesdienstraum aufgehängt. So wird deutlich: Wo diese Steine eine Brücke bilden, da kommen wir zusammen, da leben wir nicht mehr aneinander vorbei, sondern da teilen wir das Leben. Aus den Stichwörtern lässt sich dann leicht auch das Fürbittengebet entwickeln.

Zum Anschluss

Fürbittengebet und Vaterunser

Hinführung zum Segen

P.: Gottes Geist wird mit euch gehen,
er wird euch immer wieder zusammenführen,
wenn ihr zweifelt, wird er euch beistehen,
wenn ihr euch suchend umschaut,
wird er euch den Weg weisen,
wenn ihr niedergeschlagen seid,
wird er euch trösten.
Gottes Geist wird bei euch sein.

Segen und Nachspiel

Leben unter einem Dach

M

Sprecher/in (S.), Frau Schulte (Sl.), Frau Schmidt (Sm.), Frau Meier (Me., Rentnerin), Klaus (K., 12 Jahre alt), Marion (M., 9 Jahre alt)

S.: „Haus" ist das Thema dieses Gottesdienstes. An den Wänden sehen wir eine ganze Reihe verschiedenster Häuser. Die Kinder haben sie im Kindergottesdienst gemalt: große und kleine Häuser, Blockhäuser und Bungalows, Eigenheime und Mietswohnungen, Hochhäuser und Ferienhäuser ... Man kann sie gar nicht alle aufzählen. Sie sind so verschieden, so verschieden die Menschen eben sind.

geht zum aufgebauten Haus

Und hier haben wir noch ein Haus. Das soll für viele andere Häuser stehen, in denen verschiedene Menschen zusammenleben, jung und alt, alleine oder mit anderen.

öffnet das erste Fenster

Hier rechts neben der Tür wohnt eine Rentnerin, Frau Meier. Sie lebt hier schon so lange, wie das Haus steht. Am Anfang, da lebte ihr Mann noch, aber der ist schon seit vielen Jahren tot. Seitdem lebt sie ganz allein in ihrer Wohnung. Sie ist natürlich froh, dass sie die Wohnung ganz unten hat. Das viele Treppensteigen, das würde sie schon ganz schön anstrengen. „Man ist ja nicht mehr die Jüngste", pflegt sie immer zu sagen. Ja, da hat sie Recht. Sie ist schon fast 80 Jahre alt.

öffnet das nächste Fenster

Und dort leben die Schmidts. Sie sind erst vor einem Jahr hier eingezogen. Eine lebhafte Familie, wie wir gleich sehen werden. Der Vater arbeitet irgendwo außerhalb des Ortes und die Mutter ist halbtags beschäftigt. Ach ja, und dann sind da noch die beiden Kinder: Klaus ist 13 Jahre alt und Marion ist vor wenigen Wochen 11 geworden. Eigentlich müssten sie gleich von der Schule kommen.

K. und M. kommen vorbei und unterhalten sich

M.: Wenn du wieder das Radio so laut aufdrehst, dann sage ich das der Mama.

K.: Typisch Mädchen, immer petzen!

M.: Aber sonst gibt es bald einen echten Krach! Gestern haben die Schultes ganz laut geklopft. Voll in der Mittagszeit.

K.: Was kann ich dafür. Die CD muss man eben so laut hören, sonst kommt der Sound nicht richtig rüber. Und außerdem geht dich das gar nichts an. Pass nur auf, dass du alles richtig machst.

M.: Keine Sorge!

K.: Ach, ja, die liebe, kleine, fleißige Schwester!

K. zieht eine Grimasse, beide gehen ab

S.: Das mit der Lautstärke, das ist ein echtes Problem. Immer wenn die beiden von der Schule kommen, geht's los. Klaus dreht den Verstärker voll auf und die Musik ist im ganzen Haus zu hören, bis ganz nach oben.

macht das Fenster oben auf

Hier oben wohnen Schultes. Ihr kleiner Sohn ist gerade ein Jahr alt. Und da schläft er eigentlich um diese Zeit immer. Das heißt, wenn er dazu kommt. Aber warten wir einen Moment, da sehe ich Frau Schulte.

S.: Frau Schulte, haben sie einen Moment Zeit?

Sl.: Ja, aber nur ganz kurz. Ich habe nämlich die Milch vergessen und bevor der Kleine aufwacht und schreit, will ich gerade noch ein paar Flaschen holen.

S.: Wie lange wohnen sie schon hier im Haus?

Sl.: Seit wir verheiratet sind, fast genau 3 Jahre. Und seitdem unser Kind da ist, sind wir eine richtige glückliche Familie. Nur der ständige Krach von unten, wenn der nicht wäre. Gerade jetzt, wo der Kleine gerade eingeschlafen ist. Und ...

S.: Ja?

Sl.: Da ist doch noch etwas. Wissen Sie, seit das Kind da ist, komme ich gar nicht mehr aus dem Haus. Nur hin und wieder mal für ein paar Stunden, dass man sich mal alleine in den Geschäften in Ruhe umschauen kann, das wäre schon schön.

S.: Sie wollen auch einmal etwas Zeit für sich selbst.

Sl.: Genau. lächelt Aber jetzt habe ich wirklich keine Zeit mehr, sonst machen mir die Geschäfte noch vor der Nase zu. geht fort

S.: Zeit für sich haben – Zeit füreinander haben. Viele haben keine Zeit, weder für sich noch für andere. Dabei leben hier im Haus doch so viele Menschen, so ganz verschiedene Menschen: Tür an Tür, unter einem Dach, in einer Straße.

Wenn alle ihre Zeit miteinander teilen würden? Wenn jeder von seiner Zeit etwas abgeben würde ... Zeit, um miteinander zu reden; Zeit, um miteinander zu spielen; Zeit um sich gegenseitig zu helfen; Zeit für so viele Dinge.

Sm. kommt gerade vorbei

S.: Guten Tag, Frau Schmidt. Wir schauen uns gerade ihr Haus an und sprechen über da Zusammenleben dort. Sagen sie, wenn sie einen Wunsch frei hätten, was würden sie sich wünschen?

Sm: Für unser Haus? Vielleicht etwas mehr Rücksichtnahme aufeinander. Das wäre schon sehr schön. Das wäre schon ganz viel wert.

Sm. geht weiter zu K. und M., die sich gerade streiten

K.: Streberin! Immer willst du alles besser können!

M.: Ich bin ja auch nicht so faul wie du. Und außerdem: Mädchen sind eben klüger.

K.: Du bist eine eingebildete Ziege! Das ist alles!

Sm.: Nun zankt euch doch nicht! Dass Geschwister sich immer streiten müssen.

guckt in die Tasche und holt einen Brief heraus

Ach ja, Klaus, hier ist ein Brief für Frau Meier, der steckte bei uns im Fach. Bring ihn doch gerade mal vorbei.

K.: Gut, wenn's unbedingt sein muss.

nimmt den Brief und geht auf die andere Seite, wo M. sitzt. Sie steht auf

Me.: Guten Tag, Klaus, das ist aber schön, dass du mal vorbeischaust.

K.: Ich wollte nur den Brief abgeben, der lag bei uns im Fach.

Me. sieht sich den Brief an. K. geht zum Käfig mit dem Wellensittich

K.: Ich wusste gar nicht, dass sie einen Wellensittich haben.

Me.: Der ist von meinem Sohn. Er schreibt, dass er zu Pfingsten nicht kommen kann. Schade, dabei hatte ich mich so auf ihn gefreut. Das ist schon wieder so lange her, dass er bei mir war.

K.: Kann er auch sprechen?

Me.: Ja, natürlich! schaut überrascht zu K. herüber Ach so, du meinst den Vogel. Nein. Ich habe ihn von meiner Schwiegertochter geschenkt bekommen, nachdem mein Mann gestorben war. Damit ich nicht so alleine bin. Aber ich habe das Gefühl, dass wir nun beide einsam sind.

K.: überlegt und sagt nach einer Pause Frau Meier, ich würde ganz gerne hin und wieder mal nach dem Vogel schauen. Vielleicht kann ich ihnen sogar ein bisschen helfen. Ich meine beim Einkaufen und so.

Me.: Das wäre schön. Weißt du, die schweren Taschen zu tragen, das fällt mir mit der Zeit immer schwerer.

K. geht ab

Er wollte doch zu Pfingsten kommen, das hatte er fest versprochen. Pfingsten, da wollte er kommen.

K. und M. treffen sich.

M.: Na sag schon: Wie war die Meier?

K.: Gar nicht so übel. Die hat einen Wellensittich.

M.: Darf die das denn?

K.: Mensch, die ist doch den ganzen Tag allein. Der Wellensittich ist der Einzige, mit dem sie mal ein Wort reden kann. Du, ich finde, wir sollten sie mal öfter besuchen.

M.: Vielleicht hast du Recht. Bestimmt! Und ich habe auch schon eine Idee. Bald ist doch Pfingsten.

K.: Na und?

S.: Vielleicht haben Sie es, habt ihr es erraten, wie es weitergehen kann. Das Lied, das wir nun gemeinsam singen, hat damit zu tun.

II
Vorstellungsgottesdienste
Jugendliche gestalten ein Thema

Aus der Prüfung der Konfirmandinnen und Konfirmanden im Gemeindegottesdienst ist der *Vorstellungsgottesdienst* erwachsen. Er stellt eine gute Möglichkeit dar, mit Jugendlichen Themen zu erarbeiten, die dann im gemeinsamen Gottesdienst ihren besonderen Ausdruck finden. Es beginnt mit dem Gespräch über mögliche Inhalte. Was bewegt die Konfirmandengruppe? Was sollte zum Thema gemacht werden? Was ist realistisch, welche Möglichkeiten haben wir zur Umsetzung, was trauen wir uns zu? Die Antworten stecken den Rahmen ab. In einzelnen Gruppen werden dann die thematischen und liturgischen Teile, die aufeinander bezogen sind, erarbeitet. Dies ist die spannendste und produktivste Phase. Oft werden so viele Ideen und Informationen gesammelt, dass sie den Rahmen des Gottesdienstes sprengen. Eine kleine Ausstellung zum Thema, die noch weitere Aspekte und Überlegungen zeigt, gehört auch immer wieder dazu.

Da der Gottesdienstbesuch begleitend zum Kirchlichen Unterricht gehört, macht es Sinn, die Unterrichtszeit auch mit einem Gottesdienst, den die Jugendlichen selbst gestalten, abzuschließen. Sie selbst sind es, die von der Vorbereitung am meisten profitieren, in kaum einer Phase des Unterrichts lernen sie so viel, auch über den Gottesdienst, wie in dieser. Der Vorstellungsgottesdienst ist Thema, nicht nur für die Konfirmandengruppe, sondern ebenso für die Familie wie für die Gemeinde insgesamt.

In den fünfzehn Jahren des Dienstes in meiner Gemeinde habe ich etwa an die fünfhundert Jugendliche konfirmiert, das macht immerhin ein Sechstel der Gemeinde aus. Die ausgewählten Entwürfe und Modelle, die hier zusammengestellt sind, wollen ein Plädoyer für den Vorstellungsgottesdienst sein. Sie sind im gemeinsamen Gespräch und in der Diskussion miteinander entstanden, und nicht nur die Jugendlichen, sondern auch ich selbst habe viel mit und von ihnen gelernt. Auf eine Predigt habe ich nicht verzichtet, obwohl es dafür manche Gründe gäbe. Die Predigt im Vorstellungsgottesdienst ist die Möglichkeit, das Thema zu bündeln und weiterzuführen; sie ist die Chance, die Jugendlichen in besonderer Weise direkt anzusprechen, sie zu ermutigen und ihnen vom Thema des Gottesdienstes ausgehend ein Angebot zur Orientierung zu geben.

Im Labyrinth des Lebens

Symbol
Labyrinth

Leitgedanke
Auf der Suche nach dem Sinn des Lebens begegnet uns Jesus

Biblischer Bezug
Johannes 6,66-70a

Personen
Pastor/in, Lektor/in, etwa 16 Konfirmanden/innen

Materialien
- Verkehrsschilder aus Pappe
- Hinweisschilder aus Pappe mit Beschriftung
- eine Schranke
- Dias
- Diaprojektor und Leinwand
- roter Faden mit Fürbitten

Vorbereitung

Die Konfirmanden erhalten Kopien von **M 1–4**, markieren und sprechen ihre Texte.

Im Gottesdienstraum werden verschiedene Verkehrsschilder, eine Schranke sowie zuvor beschriftete Hinweisschilder mit den Aufschriften „Zukunft", „Richtung", und „Glück" aufgestellt, wodurch der Raum in ein Labyrinth verwandelt wird. Aus Sachbüchern (s. Literatur) werden Dias von Kreta, vor allem aus der Ausgrabungsstätte von Knossos, und von Illustrationen des Labyrinth-Mythos erstellt.
Im Altarbereich stehen Diaprojektor und Leinwand bereit. An einem roten Faden sind die zuvor gesammelten Fürbitten geheftet.

Literatur/Hinweise
- Klaus Gallas: Kreta. Ursprung Europas, München 1984.
- Helmut Jaskolski: Das Labyrinth. Symbol für Angst, Wiedergeburt und Befreiung, Stuttgart 1994.
- Nigel Pennick: Das Geheimnis der Labyrinthe. Eine Reise in die Welt der Irrgärten, München 1992.
- Piero Ventura/Gian Paolo Ceserani: Kreta. Wohnsitz der Götter, Zürich/München 1986.

Das Labyrinth gehört zu den Grundsymbolen menschlicher Existenz. In ihm spiegelt sich die Suche des Menschen nach dem eigenen Lebensweg wider wie auch die Frage nach dem Sinn des Ganzen der Wirklichkeit. Die Phase der Jugend ist bestimmt von der Suche nach dem eigenen Weg.

Das Christentum hat dieses Symbol aufgenommen und in die Mitte des Zeichens das Christusmonogramm gesetzt und somit eine Antwort auf die Frage nach dem Sinn des Lebens gegeben. Dieser Gottesdienst ist in einer Freizeit zum Thema „Labyrinth“ vorbereitet worden, dabei wurde auch nach eigenen Vorstellungen ein Labyrinthspiel gebastelt und ausprobiert.

Zum Anfang

VORSPIEL UND BEGRÜSSUNG

LIED

Wohl denen, die da wandeln (EG 295)

EINGANGSWORT

Kn.: Im Namen Gottes sind wir hier zusammengekommen.
Er hat uns das Leben geschenkt und behütet uns.
Sein Sohn spricht uns an und ruft uns in die Nachfolge.
Sein Heiliger Geist verbindet uns zu seiner Kirche.

G.: Amen.

Kn.: Unsere Hilfe steht im Namen des Herrn,

G.: der Himmel und Erde gemacht hat.

PSALMWORTE

nach Psalm 119 (PK 42)

GEBET

P.: Gott,
wohin geht unser Weg?
Werden wir unser Glück machen
oder werden wir scheitern,
werden wir Freunde finden
oder werden wir allein bleiben,
werden wir unsere Aufgabe finden
oder werden wir auf der Suche bleiben?
Schenke uns deinen Geist,
der uns dir folgen heißt
und uns unser Ziel finden lässt in dir.

LESUNG

Johannes 6,66-70a

GLAUBENSBEKENNTNIS

Die Konfirmand/inn/en sprechen gemeinsam das Glaubensbekenntnis, entweder das Apostolische Bekenntnis, ein selbst formuliertes oder orientieren sich an dem in **M 1** vorgeschlagenen Bekenntnis.

LIED

Wegzeichen (ML, B88)

Zum Hineinkommen

ANSPIEL

Auf der Suche (**M 2**)

Über den gesamten Gottesdienstraum verteilt sind verschiedene Verkehrsschilder aufgestellt. Die Konfirmanden wandern auf der Suche nach dem richtigen Weg im Raum herum.
Das Anspiel verdeutlicht symbolisch die Suche der Jugendlichen nach Sinn und Orientierung. Wie kann mein Lebensweg verlaufen? Auf ihrer Suche begegnen den Jugendlichen immer wieder anderen, denen es so ähnlich wie ihnen ergeht. Zuletzt fühlen sie sich wie in einer Sackgasse.

LIED

Wohin soll ich gehen (LK, B 22)

KYRIE-GEBET

Das Kyrie-Anrufung (**M 3**) nimmt das Motiv der Suche auf und wendet sich an Gott mit der Bitte um Hilfe und Beistand für alle Menschen die auf der Suche nach Sinn und Orientierung sind.

LIED

Kyrie, Kyrie eleison, Herr, guter Gott, erbarme dich! (ML, B 71)

ERZÄHLUNG

Das Labyrinth von Knossos (**M 4**)

Anhand von Dias wird der antike Labyrinth-Mythos erzählt. Das Labyrinthmotiv ist mit einer Erzählung aus der griechischen Mythologie verbunden, die vom Überlebenskampf erzählt und im Faden der Ariadne einen Ausweg aus dem Irrgarten zeigt.

LIED

Ein Licht geht uns auf (LJ 344)

Zum Weiterdenken

Pastor/in greift den antiken Labyrinthmythos auf und führt zum christlichen Labyrinthsymbol hin.

Die christliche Tradition hat für sich schon früh das Labyrinthsymbol entdeckt, weil sie erkannte, dass in ihm uns ein Grundmotiv des Lebens begegnet, die Frage nach dem richtigen Lebensweg. Und wo sich in den antiken Darstellungen der Minotaurus als Symbol des Todes befindet, hat sie das Christusmonogramm gesetzt: Jesus Christus ist der Weg zum Leben.

Das Thema hat uns gepackt und nicht mehr losgelassen (auf der Freizeit nicht und auch später nicht mehr).

Das Symbol des Labyrinths ist ein sehr tiefsinniges Symbol, ein uraltes Symbol und zugleich spricht es auch heute noch jeden und jede an. Die Sprache des Labyrinths versteht jeder sofort. Und wie oft fühlen wir uns wie in einem Labyrinth. Unser ganzes Leben gleicht dem Weg durch ein Labyrinth. Bei manchen Wegen wissen wir nicht, wohin sie führen, manchmal meinen wir in die Irre zu gehen und bisweilen landen wir auch in einer Sackgasse. Und dann stellen wir auch fest, dass das, was wie ein Umweg aussah, der direkte Weg zum Ziel war. Auf der Freizeit haben wir darüber gesprochen, aber nicht nur das, wir haben auch selbst ein Labyrinth gebastelt. Einige haben den Plan gemacht, andere haben die Teile zugesägt und zum Schluss wurde alles zusammengefügt. Und wir haben dazu ein Labyrinthspiel erfunden, das so etwas wie das Spiel des Lebens beinhaltete. Mittels eines Würfels passierte man die verschiedenen Lebensstationen, um zuletzt zum Ziel zu gelangen.

Von oben, da hatte man den richtigen Überblick, da wusste man, wo es lang zu gehen hatte, aber wenn man im Labyrinth ist, dann sehen alle Wege gleich aus. Und gerade diese Spannung macht den Reiz dieses Symbols aus, wir meinen herumzuirren, aber aus höherer Warte ist genau das der richtige Weg. „Wer weiß. wozu das noch gut ist", sagt man bisweilen und da ist auch etwas ganz Richtiges dran. Es ist eben so, dass wir als Menschen nicht immer den Überblick haben, nicht was unser eigenes Leben betrifft, und erst recht nicht, was die Welt im Ganzen betrifft. Aber wir vertrauen darauf, dass Gott den richtigen Weg weiß und uns zum Ziel führt.

Es gibt alte Labyrinth-Darstellungen, die haben in ihrer Mitte das Bild des Minotaurus. Und damit wollen sie sagen, am Ende steht der Tod und dem wirst du nicht entgehen.

Und es gibt daneben auch christliche Labyrinth-Darstellungen und in ihrem Mittelpunkt steht das Christus-Zeichen. Am Ende erwartet uns das Leben, das neue Leben, das ganz aus Gott ist. Aber dieses Zeichen will noch mehr sagen: Auf unserem Weg durch das Lebens-Labyrinth gibt es auch eine Leitlinie, den roten Faden der Ariadne, und das ist der Glaube, der sich fest an Jesus hält, der ihm folgt, der seinen Spuren nachgeht. Wir sind als Christen aufgerufen, Jesus zu folgen. Und dabei wird uns versprochen, dass wir das Leben finden werden, ein schönes und erfülltes Leben. Natürlich wird es auch für uns Irrwege und Sackgassen geben, aber der Glaube vertraut auf Gott, dass er schon den richtigen Ausweg, den richtigen Weg weiß.

Das wünsche ich euch, liebe Konfirmandinnen und Konfirmanden, dass Ihr auf Eurem Weg durch das Leben euch den Glauben, den Mut und die Zuversicht nie nehmen lasst. Gottes Wege sind manchmal unerforschlich, aber sie führen letztlich doch zum Ziel.

Geben wir nie auf, bleiben wir auf dem Weg. Gott wird mit uns sein. Amen.

LIED

Was bleibt? (ML, B 93)

Zum Abschluss

AKTION

Faden der Ariadne

Als Fürbittengebet können bei der Vorbereitung Bitten gesammelt und aufgeschrieben werden, die dann an einen roten Faden geheftet werden und so den „Faden der Ariadne" bilden. In unserem Fragen, Sorgen und Hoffen wenden wir uns an Gott, sein Wort und seine Zusage helfen uns, unseren Weg zu finden und zu gehen.

VATERUNSER

LIED

Bewahre uns Gott, behüte uns Gott (EG 171)

HINFÜHRUNG ZUM SEGEN

P.: Keinen Weg werden wir gehen ohne dich,
über Höhen wirst du uns leiten,
in den Tiefen wirst du uns nahe sein,
jeden Schritt wirst du mit uns gehen.

SEGEN UND NACHSPIEL

Glaubensbekenntnis

M1

Guter Gott,
du hast uns in Freiheit geschaffen,
wir können dich annehmen
und ablehnen,
die Entscheidung lässt du uns.
Wir wollen dir folgen unser Leben lang,
uns bemühen, nach deinem Willen zu leben,
dir danken, dich loben und preisen.

Guter Gott,
du hast für uns
den Himmel zur Erde geholt,
in deinem Sohn Jesus Christus
hast du uns gezeigt, was Liebe ist,
wie weit deine Liebe bereit ist,
für uns zu gehen.
Sie hat den Tod überwunden
und alles von uns genommen,
was uns von dir trennt.
Deine Liebe hat den Tod überwunden
und uns eine neue Zukunft verheißen.

Guter Gott,
du hast uns deinen Geist geschenkt,
den Geist der Liebe und der Freiheit,
von Ängsten und Zwängen macht er frei,
das Feuer der Liebe hat er in uns entfacht,
wir wollen ihn leben in der Gemeinschaft der Kirche
und diese Liebe auch an andere weitergeben.

An dich Gott glauben wir,
an den Vater, den Sohn und den Heiligen Geist,
Dir wollen wir folgen, auf dein Wort hören.
Im Vertrauen auf deine Gegenwart und deinen Beistand
wollen wir einander helfen, die Schöpfung bewahren
und für Frieden und Gerechtigkeit eintreten.
All unser Leben und Handeln soll im Zeichen
der Zukunft stehen, die du uns verheißt
und die uns erwartet am Ende aller Zeit.

Auf der Suche **M2**

Die erste Szene zeigt die K(onfirmand/inn/en) 1–11 „auf der Suche nach Sinn". Das kann zum einen durch die Sprechszenen deutlich werden, zum anderen aber auch durch das pantomimische Spiel. Wenn nicht gesprochen wird, irren alle Spieler, die gerade im Raum sind, herum. Spricht ein/e Spieler/in, verharren alle gerade an der Stelle, an der sie sich im Augenblick befinden. Ist die Sprechszene zu Ende, bewegen sich alle Spieler weiter. Im Gottesdienstraum sind verschiedene Schilder aufgestellt; zwei K.'s gehen schweigend zum Schild „Zukunft" und schauen es sich lange an.

K. 1: liest laut „Zukunft" – aha, hier müssen wir lang.
K. 2: Aber wo liegt die Zukunft? Rechts? beide schauen nach rechts
K. 1: Oder links? beide schauen nach links
K. 2: Oder vorne? beide schauen nach vorn
K. 1: Oder hinten? beide schauen nach hinten
K. 2: Oder vielleicht oben? beide schauen nach oben, zucken mit den Schultern
K. 1: Ich weiß es nicht. beide schütteln den Kopf und schauen sich suchend um
K. 2: Dann müssen wir eben weitersuchen.

Beide gehen nach hinten ab, von da kommen ihnen zwei andere K. entgegen

K. 3: Wo wollt ihr denn hin?
K. 1: Wir suchen die Zukunft.
K. 4: *Wir* suchen das Glück, es muss doch irgendwo hier auf der Straße liegen.
K. 2: Wir haben es leider auch noch nicht gesehen. Aber trotzdem: viel Glück!
K. 3/4: Danke!

K. 3/4 gehen nach vorn links und bleiben vor dem Schild „Sackgasse" stehen, das sie still betrachten; von rechts kommen die K. 5/6 (Mädchen) und bleiben vor dem Schild „Liebe" stehen

K. 5: Jemand, auf den man sich ganz und immer verlassen kann, mit dem man alles bereden kann, dem man alles anvertrauen kann, der einem nicht mehr aus dem Sinn geht, der einfach ganz wunderbar ist …
K. 6: Mann! Wie du schwärmst … wer ist es denn? Sag schon!
K. 5: Ich weiß es nicht.
K. 6: Eh! Du weißt nicht, wie er heißt? Wie sieht er denn aus? Komm, sag schon?

K. 5: Nein, ich habe ihn noch nicht gefunden. Ich suche ihn noch. Aber es muss ihn geben.

K. 6: Und ich dachte, du wärst schon am Ziel. Ich suche auch noch. Ach, das ist gar nicht so einfach!

K. 5: Wenn ich nur wüsste, wo ich suchen müsste?

K. 5/6: beide schauen sich um, schauen dann in die Gemeinde und fragen Wo geht's hier zur Liebe? gehen nach hinten ab

K. 7: steht vor dem Schild Richtung und liest laut „Richtung" – Aha, hier geht's lang! Nur wohin geht die Richtung, zum Ziel oder in eine Sackgasse? Und wo will ich überhaupt hin? Naja, Hauptsache: Man ist unterwegs, man muss doch auf dem Laufenden bleiben. Immer weiter: Fortschritt ist die Devise! Also keine Müdigkeit vorschützen, es geht weiter!

K. 8/9 kommen von links und bleiben vor dem Altar stehen; hinter ihnen sieht man das Schild „Stopp"

K. 8: Also, was haben wir schon alles? beide zählen an den Fingern ab

K. 9: „Glück" – war das Erste …

K. 8: … nicht gefunden, dann „Gesundheit"…

K. 9: … war das Schild ganz hinten.

K. 8: Dann kam „Freundschaft".

K. 9: Richtig, dann „Liebe".

K. 8: Auch nicht gefunden!

K. 9: seufzt Und dann noch „Zukunft".

K. 8: Und jetzt alles noch einmal von vorne!

K. 9: Was hilft's? Also weiter!

K. 8/9 gehen nach links und treffen vor dem Schild „Sackgasse" K. 1/2

K. 8: Oh, ihr auch hier?

K. 2: Wir geben's bald auf.

K. 1. Wir suchen die Zukunft – aber wo liegt sie?

K. 2: Rechts? alle vier schauen nach rechts

K. 1: Oder links? alle vier schauen nach links

K. 2: Oder vorne? alle vier schauen nach vorn

K. 1: Oder hinten? alle vier schauen nach hinten

K. 2: Oder vielleicht oben? alle vier schauen nach oben und zucken die Schultern

K. 1/2: Wir wissen es nicht.

K. 8/9: Wir sind genauso weit gekommen! Ich glaube, wir geben's auf!

K. 10/11 klettern umständlich über eine Schranke

K. 10: Puh, so schwer habe ich mir das nicht vorgestellt!
K. 11: Warte ab, gleich wird's leichter! K. 10/11 schauen sich suchend um
K. 10: Und jetzt, wie geht's weiter?
K. 11: Irgendwie wird es schon weitergehen.
K. 10: Wenn du meinst.

K. 1–4 kommen auf sie zu

K. 3: Hallo! Wisst ihr, wo es zum Ziel geht? Wir irren schon die ganze Zeit hier herum.
K. 4.: Wir wissen wirklich nicht mehr, wo es langgeht.
K. 10: Das ist wie in einem Labyrinth, man geht die ganze Zeit in die Irre!
K. 3: Und ich werde hier auch noch ganz irre! Kann uns denn keiner sagen, wie wir hier herauskommen?
K. 1: Wohin sollen wir gehen? Ich frage euch.
K. 2: Ich glaube, da müssen wir schon jemanden fragen, der den größeren Überblick hat.
K. 3: Richtig! „Wohin soll ich gehn? Mein Gott, ich frage dich."
K. 4 Genau! Das müssen wir machen. Sonst geht es nicht weiter.
K. 2: Fragen wir Gott: „Wohin soll ich gehn? Herr, ich frage dich."
K. 11: Nein, singen wir zu Gott: „Wohin soll ich gehen? Herr, ich frage dich."

Kyrie-Gebet **M 3**

Die K(onfirmand/inn/en) 12/13 sprechen die Kyrie-Bitten, die von der Gemeinde (G.) aufgenommen werden

K. 12: Viele Menschen sind unterwegs auf der Suche nach Sinn, Geborgenheit und Zukunft. Für diese Menschen wollen wir bitten, indem wir gemeinsam beten.
K. 13: Für die Menschen, die Angst vor der Zukunft haben, die durch unsere Zeit hasten und dabei kein Auge für die Schönheit der Welt haben, kein Ohr für die Wünsche und Fragen der Menschen und keine Zeit für sich selbst. Herr, wir rufen:
G.: Kyrie, Kyrie eleison, Herr, guter Gott, erbarme dich! (ML, B 71)
K. 12: Für die Menschen, die umhergetrieben werden und verfolgt werden, die Sicherheit und Frieden suchen: die Menschen in Mazedonien, die Kurden und Schiiten, die Palästinenser und

Israeliten, die Menschen überall, in der Welt, deren Leben bedroht wird, deren Zukunft zerstört wird, die auf der Flucht herumirren. Herr, wir rufen:

G: Kyrie, Kyrie eleison, Herr, guter Gott, erbarme dich!

K. 13: Für uns und alle jungen Menschen, die am Anfang des Lebens stehen, die noch voller Wünsche und Hoffnungen sind, geleite uns auf unserem Weg und zeig uns ein Ziel, für das es sich zu leben lohnt. Herr, wir rufen:

G: Kyrie, Kyrie eleison, Herr, guter Gott, erbarme dich!

Das Labyrinth von Knossos **M4**

K(onfirmand/inn/en) 14/15 erzählen anhand von Dias den Labyrinth-Mythos

K. 14: Menschen auf der Suche nach einem Sinn. Menschen, die dabei umherirren und sich wie in einem Labyrinth fühlen. Das Labyrinth ist ein uraltes Symbol. Und die älteste Labyrinth-Geschichte erzählt eine griechische Sage.

K. 15.: Die Labyrinth-Sage z.B. nach Gustav Schwab: Sagen des klassischen Altertums

Dia 1: Küste von Kreta (Gallsas, Kreta, Bild 108)

K. 14: Das ist eine Landschaft in Griechenland. Wir sehen die Küste von Kreta.

Dia 2: Schiff des Theseus (Ventua/Ceserani, Kreta, S. 40)

K. 15: Dorthin ist ein Schiff unterwegs. Die sieben Jünglinge und sieben Jungfrauen auf dem Schiff haben eine schreckliche Mission zu erfüllen. Alle neun Jahre muss die Stadt Athen vierzehn junge Menschen als Tribut nach Kreta schicken, die dort dem Minotaurus geopfert werden.

Dia 3: Ruine von Knossos (Gallsas, Kreta, Bild 43)

K. 14: In Knossos steht ein riesiger Palast.

Dia 4: Thron des Minos (Gallsas, Kreta, Bild 44)

K. 15: Hier herrscht König Minos.

Dia 5: Säulengang in Knossos (Gallsas, Kreta, Bild 40)

K. 14: In dem Gewirr von Gängen und Räumen aber lebt auch der Minotaurus, der grausame Stiermensch.

Dia 6: Statue des Minotaurus (Gallsas, Kreta, Bild 52)

K. 15: Aber Theseus, Sohn des Ägeus, hatte sich vorgenommen, das Ungeheuer zu bezwingen.

Dia 7: Küste bei Kreta (Gallsas, Kreta, Bild 94)

K. 14: Als die Jünglinge und Jungfrauen in Kreta an Land gingen, wurden sie von den aufmerksamen Augen der Königstochter Ariadne beobachtet. Ihr fiel Thesus auf und sie verliebt sich in ihn.

Dia 8: Im Palast des Minos (Ventua/Ceserani, Kreta, S. 17)

K. 15: Ariadne gab Thesus ein Schwert, um Minotaurus zu töten. Gleichzeitig händigte sie ihm ein Knäuel Faden aus, dessen Ende er am Tor des Labyrinthes festknüpfen und das er während des Wegs durch die verwirrenden Irrgänge in der Hand ablaufen sollte, bis er dahin gelangt wäre, wo der Minotaurus Wache hielte.

Dia 9: Plan des Labyrinths (Gallsas, Kreta, S. 143)

K. 14: Theseus wurde, wie es auch den früheren Opfer geschehen war, mit seinen Gefährten von Minos in das Labyrinth geschickt. Dort erlegte er mit seiner Zauberwaffe den Minotaurus und wand sich mit allen, die bei ihm waren, mit Hilfe des abgespulten Zwirns aus des Irrgarten Höhlengängen glücklich wieder heraus. Dann entfloh er samt den Seinen in Begleitung Ariadnes, die der junge Held mit sich nach Athen führen wollte.

Dia 10: Schiff am Horizont (Ventua/Ceserani, Kreta, S. 47)

K. 15: Auf Ariadnes Rat hin hatte er auch die Böden der kretischen Schiffe zerhauen und so ihrem Vater die Verfolgung unmöglich gemacht.

K. 14: Mir geht ein Licht auf! Wir brauchen einen roten Faden für unser Leben, ein Licht für unseren Weg, dann finden wir das Ziel. Und das Licht scheint schon: „Ein Licht geht uns auf in der Dunkelheit".

Wir werden sein wie die Träumenden

Symbol
Traum

Leitgedanke
Die Vision einer gerechten Welt – Martin Luther King

Biblischer Bezug
Joel 3,1

Personen
Pastor/in, etwa 9 Konfirmanden/innen

Vorbereitung
Sechs Dias werden von verschiedenen schlafenden Personen (aus Zeitschriften abfotografiert: Kind, Mann, Frau ...) erstellt. Eine Gruppe macht ein Interview zum Thema Traum und notiert die Äußerungen. Eine weitere Gruppe sammelt in einer Collage die Träume der Jugendlichen. Aus einer Mediothek wird die Diaserie über Martin Luther King ausgeliehen. Die Konfirmanden erhalten Kopien von **M 1–2**, markieren und sprechen ihre Texte. Im Altarbereich stehen Diaprojektor und Leinwand bereit.

Literatur/Hinweise

- Diaserie: Martin Luther King. Apostel der Gewaltlosigkeit, bearb.v. Hans-Georg Noack, Witten/Ruhr o.J.
- Martin Luther King: Schöpferischer Widerstand, hg.v. Heinrich W. Grosse, Gütersloh 1985.
- Coretta Scott King: Mein Leben mit Martin Luther King, Gütersloh 1985.
- Hans-Georg Noack: Der gewaltlose Aufstand. Ein Buch um Martin Luther King, Würzburg 1989.

Jugendliche suchen ihren Weg, machen sich ihre Gedanken über die Zukunft, haben Wünsche, Pläne und Hoffnungen. Zugleich wissen sie auch, dass sich nicht alles erfüllen wird, was sie sich erhoffen. Sie haben eine hohe Sensibilität für Gerechtigkeit und sie sind bereit, wenn sie von der Sache überzeugt sind und wenn sie eine Möglichkeit der Veränderung sehen, sich zu engagieren. Sie sehen auf sich, aber ihr Blick geht auch weiter, sie beginnen, sich als Teil einer großen Gemeinschaft zu begreifen und nach ihrem Ort im Ganzen der Welt zu fragen.

Das Symbol des Traumes greift zum einen das Thema Zukunft auf. Dabei geht es zunächst um ganz persönliche Erwartungen, darüber hinaus aber auch um die Zukunft der Welt. Zum anderen lässt sich mit dem Traumsymbol auch die Vision einer gerechten Welt verbinden. Christen wissen um die Zukunft der Schöpfung, unser Leben steht im Zeichen des Kommens des Reiches Gottes, das Gerechtigkeit und Frieden auf dieser Erde realisieren wird. Damit ist auch unsere Aufgabe bezeichnet, nämlich für diese Vision einzutreten. Jugendliche suchen ihren Weg nach Orientierung, sie fragen nach glaubwürdigem und überzeugendem Leben.

Martin Luther King ist durch sein Engagement zum Symbol des gewaltfreien Eintretens für eine gerechte Welt geworden. Die Beschäftigung mit seinem Leben zeigt Möglichkeiten der Veränderung auf, macht aber auch die Widerstände deutlich. Das Reich Gottes setzt sich gegen alle Widerstände durch und ist zugleich jene Zukunft, auf die wir betend warten und hoffen.

In der Vorbereitung werden sich die Jugendlichen zunächst assoziativ mit dem Thema „Traum" beschäftigen. Sie erstellen in Gruppen Collagen über ihre Träume, sie machen Interviews, sammeln, sichten und stellen die Beiträge zusammen. Daneben steht die Beschäftigung mit dem Leben von Martin Luther King. Daran schließt sich die Frage an, welche Aufgaben und Möglichkeiten haben wir heute, um uns für mehr Gerechtigkeit in unserem Umfeld und in der Welt einzusetzen. Das Ergebnis dieses Gesprächs kann in die Fürbitte eingehen. Dieser Vorstellungsgottesdienst lässt sich mit wenig Aufwand und in recht kurzer Zeit umsetzen.

Zum Anfang

VORSPIEL UND BEGRÜSSUNG

LIED

Jeden Morgen (ML, B 70)

Eingangswort

Worte im Wechsel
Psalm 126

Gebet
P.: Gott, wir brauchen deine Gegenwart,
sonst bleibt alles beim Alten,
wir bewegen uns auf ausgefahrenen Gleisen,
wir verlieren den Wunsch nach Veränderung.
Stoß uns an, gib uns Mut, schenk uns Zuversicht.
Lass uns auf neuen Wegen gehen. Amen.

Glaubensbekenntnis

Lied
Halleluja (ML, B 20)

Zum Hineinkommen

Sprechtext
Träume (**M 1**)

Die Konfirmanden präsentieren ihre Assoziationen und Gedanken zum Thema „Traum". Im ersten Teil werden die zuvor gemachten Dias eingesetzt, nach jedem Abschnitt wird eine Strophe des Lieds „Wir träumen einen Traum" gesungen.

Die Palette der Assoziationen und Gedanken reicht von der biblischen Vision des Propheten Joel über schlafende Menschen und Aussagen eines Interviews bis hin zu einer Collage.

Lied
Wir träumen einen Traum (ML, B 77)

Sprechtext
Ich habe einen Traum (**M 2**)

Die K(onfirmand/inn/en) 7–10 zeichnen anhand von Dias die Lebensgeschichte Martin Luther Kings nach.
Das Leben Martin Luther Kings war von seinem Traum des gleichberechtigten und friedlichen Zusammenlebens von Weißen und Farbigen geprägt, sodass sein ganzes Reden und Handeln davon bestimmt war. Für diese Vision lebte und starb er, sein Traum aber wartet noch auf seine Erfüllung.

Lied
Ich träum' davon (MK 79)

Zum Weiterdenken

Pastor/in verknüpft die Biographie Martin Luther Kings mit der eigenen Lebensgeschichte. Die Predigt ist sehr persönlich gehalten, sie spürt die Schnittpunkte auf: Wann habe ich von Martin Luther King erfahren? Was weiß ich über ihn und welche Bedeutung hat sein Werk für meinen Glauben bekommen? Auf dem Weg der Nachfolge bildet sein Leben einen wichtigen Meilenstein, der Weg aber geht weiter und wir sind eingeladen, ihn fortzusetzen.

An den 4. April 1968 kann ich mich noch recht gut erinnern. Damals war ich 12 Jahre alt, hatte also genau das Alter, mit dem man sich zum Kirchlichen Unterricht anmeldet oder angemeldet wird. In jenem Jahr machte eine Meldung in der ganzen Welt Schlagzeilen: Martin Luther King erschossen.

Bis dahin wusste ich von ihm nicht viel, nur eben, dass er den berühmten Busstreik von Montgomery organisiert und dass er sich für die Gleichberechtigung eingesetzt hat. Viel war das nicht, aber es beeindruckte mich schon als Kind. Wenn Menschen gemeinsam etwas unternehmen und zusammenhalten, dann lässt sich viel bewirken.

Später, viel später – es war im Englischunterricht – haben wir die berühmte Rede gelesen, die er 1963 in Washington gehalten hat. 250 000 Menschen waren damals zusammengekommen, Schwarze und Weiße. Und er begann seine unvergessliche Rede mit den Worten: I have a dream – ich habe einen Traum. Diese Rede besteht zu einem großen Teil aus Zitaten, aus Bibelstellen. Es sind prophetische Worte aus dem Alten Testament, Worte des Micha und des Jesaja. Es ist die Vision einer neuen Welt, der Traum von der Zukunft Gottes mit uns Menschen – einen Welt, von der wir nur träumen können; eine Menschheit in Frieden, in Eintracht und Liebe.

Ein schöner Traum, zu schön, um wahr zu sein. Und doch ist es wichtig, Träume zu haben. Ein Mensch, der nicht träumt, muss sterben, haben wir vorhin gehört. Das ist eine einfache medizinische Erkenntnis. Aber damit ist auch noch etwas anderes gesagt: Wir brauchen den Traum von der besseren Welt, denn so lange wir uns das vorstellen können, so lange finden wir uns auch nicht ab mit einer Welt, in der es Krieg und Ungerechtigkeit gibt, Leid und Schmerz. Der Traum sagt uns, es geht auch anders. Die Propheten haben Gottes neue Zeit angesagt und seitdem haben Menschen immer wieder daran erinnert. Wir brauchen den Traum, sonst erstarrt das Leben, sonst erstirbt die Welt.

Es reicht aber nicht aus, nur zu träumen. Von Martin Luther King haben wir gelernt: Man muss sich für seinen Traum auch einsetzen. Man muss bereit zum Opfer und zum Verzicht. Anfangs gab es die einen, die lachten, und die anderen, die mahnten. Aber der Traum macht aus uns keine weltfremden Träumer. Im Gegenteil: Gerade dann heißt es, wachsam und aufmerksam zu sein, scharfe Sinne und einen wachen Verstand zu haben für die Möglichkeiten, die uns die Wirklichkeit für unseren Traum lässt, die kleinen Schritte zu entdecken auf dem langen Weg zum Frieden.

Wir werden nicht sehr weit kommen, wenn wir die eigene Person, wenn wir immer nur unsere eigenen Interessen und Absichten in den Vordergrund stellen. Ich bin mir sicher, die Bereitschaft zum Verzicht, der Einsatz für die anderen, wird auch uns selbst weiterbringen. Es beginnt klein, in der Familie, in der Gruppe, in der Schule, am Arbeitsplatz. Der Frieden muss von uns ausgehen und er muss Kreise ziehen. Von den großen Reden vom Frieden haben wir genug, geben wir wenigstens den kleinen Taten eine Chance.

Martin Luther King hat versucht, seinen Traum und sein Leben, sein Reden und Handeln zusammenzubringen, zu Hause in der Familie und vor anderen in der Öffentlichkeit. Er wusste, dass sein Leben bedroht war, aber er hat seine Feinde nie gehasst. Man wollte einen Helden aus ihm machen, er selbst aber verstand sich lediglich als Christ, mehr nicht, aber das mit letzter Konsequenz.

Niemand von uns wird sich mit ihm vergleichen können, aber von ihm lernen, uns von ihm ermutigen lassen, das können wir schon. 1986 wurde sein Geburtstag in den USA zum nationalen Feiertag erklärt. Es ist die höchste Auszeichnung, die dieses große Land zu vergeben hat. An diesem Tag wird an sein Leben und sein Werk erinnert. Es ist die selbstauferlegte Mahnung seines Volkes, die ständige Erinnerung an seinen Traum.

Als seine Ehefrau Coretta Scott King ihre Erinnerungen an die gemeinsame Zeit aufschrieb, widmete sie ihr Buch dem Andenken ihres Mannes und ihren vier Kindern. Und unter deren Namen schrieb sie: für die vielleicht unser Traum Wirklichkeit wird.

Ich wünsche mir, dass auch wir Erben dieses Traumes von einer gerechten Welt werden, dass auch wir bereit sind, unsere Worte zu Taten werden zu lassen. Das kann man nicht allein, dazu braucht man auch die anderen, dazu braucht man vor allem Gottes Hilfe: einen Glauben, der stark und mutig macht, der Rückschläge hinnehmen lässt und der dennoch nicht aufgibt. Ich wünsche uns, dass Gott uns allen einen solchen Glauben schenkt.

Gottes Zukunft bricht auch ohne uns an, aber Gott wird fragen: Wo bist du gewesen? Was wird dann unsere Antwort sein?

LIED

We shall overcome (ML, D 15)

Zum Abschluss

FÜRBITTENGEBET UND VATERUNSER

LIED

Halte deine Träume fest (MK 74)

HINFÜHRUNG ZUM SEGEN

P.: Bei allem, was ihr euch vornehmt,
in allem Bemühen und Versuchen,
wenn ihr Erfolg habt und euer Werk Früchte trägt,
aber auch wenn ihr scheitert und neu beginnen müsst,
wird euch der Segen Gottes geleiten.
So geht mit dieser Zusage.

SEGEN UND NACHSPIEL

Träume

M1

Die K(onfirmand/inn/en) 1–6 sprechen über die verschiedensten Träume

K. 1: Haben Sie heute Nacht geträumt?
K. 2: Die Mediziner sagen: Ein Mensch, der nicht träumt, muss sterben.
K. 1: Wir alle träumen.
K. 2: Nicht nur nachts, sondern auch am Tag.
K. 1: Wir alle brauchen unsere Träume.
K. 2: In der Bibel sagt der Prophet Joel:
K. 1: „Und es soll geschehen in den letzten Tagen, spricht Gott, da will ich ausgießen von meinem Geist auf alles Fleisch; und eure Söhne und eure Töchter sollen weissagen, und eure Jünglinge sollen Gesichte sehen, und eure Alten sollen Träume haben; und auf meine Knechte und auf meine Mägde will ich in jenen Tagen von meinem Geist ausgießen, und sie sollen weissagen." (Joel 3,1 nach Apostelgeschichte 2,17.18)
K. 1: Wir alle träumen.

Dia 1: Bild eines schlafenden Mannes

K. 2: Er träumt.

Dia 2: Bild einer schlafenden Frau

K. 1: Sie träumt.

Dia 3: Bild eines schlafenden Kindes

K. 2: Jung träumt.

Dia 4: Bild einer älteren schlafenden Frau

K. 1: Alt träumt.

Dia 5: Bild eines schlafenden Nichtsesshaften

K. 2: Arm träumt.

Dia 6: Bild einer schlafenden reichen Frau

K. 1: Reich träumt.
K. 2: Jedermann träumt.
K. 1: Jede Frau träumt.
K. 2: Wir alle träumen.

Lied: Wir träumen einen Traum (Strophe 1)

K. 3: Und was träumen Sie?
K. 4: Wir haben Leute auf der Straße nach ihren Träumen befragt.
K. 3: Und das waren die Antworten:
K. 5: „Ich träume von 100 000 € in bar."
K. 4: Oh ja!
K. 6: „Ah, Träume …"
K. 3: Sie träumt noch.
K. 5: „Eine Weltreise."
K. 6: Da komme ich mit!
K. 3: „Gesundheit, das ist doch das Wichtigste, und dass es keinen Krieg mehr gibt."
K. 5: „Ich träume von Sven Schultze."
K. 3: Wer ist denn Sven Schultze?
K. 5: „Ich habe nur Alpträume!"
K. 4: Das tut uns leid.
K. 6: „Eine gute Zukunft für unsere Kinder."

Lied: Wir träumen einen Traum (2. Strophe)

K. 3: Und das sind unsere Träume …

Die im Unterricht erstellten Collagen werden gezeigt, auf denen die Konfirmand/inn/en ihre Träume dargestellt haben.

Lied: Wir träumen einen Traum (3. Strophe)

Ich habe einen Traum **M2**

Die K(onfirmand/inn/en) 7 bis 10 erzählen die Lebensgeschichte von Martin Luther King

K. 7: Träume sind Schäume, sagen manche.
K. 8: Träume können wie eine Seifenblase zerplatzen.
K. 7: Der Traum vom vielen Geld …
K. 8: … nur ein Traum.
K. 7: Der Traum vom Frieden …
K. 8: … ein Wunschtraum.
K. 7: So viele Träume lösen sich auf …
K. 8: … ausgeträumt …
K. 7: … böse erwacht.
K. 8: Müssen Träume Träume bleiben?
K. 9: Es war einmal ein Mann,

K. 10: ein Farbiger,
K. 9: der hatte einen Traum.
K. 10. Der Mann hieß Martin Luther King.

Dia 7: M.L. King, Apostel der Gewaltlosigkeit, Dia 1

K. 9: Martin Luther King war Pastor in den Vereinigten Staaten von Amerika, dem Land der Freiheit und der Gerechtigkeit. Und er war stolz darauf.

Dia 8: M.L. King, Apostel der Gewaltlosigkeit, Dia 20

K. 10: Aber schon als Kind musste er erfahren, dass in Amerika die Weißen mehr zählten als die Schwarzen. Die Schwarzen hatten die schlechteren Schulen und damit auch die schlechteren Zukunftschancen. Sie wohnten in den schlechteren Häusern und bekamen in den Bussen die schlechteren Plätze. Sie wurden immer wieder beschimpft und schikaniert.

K. 7: Martin Luther King versuchte die Situation der Schwarzen zu verändern.

Dia 9: M.L. King, Apostel der Gewaltlosigkeit, Dia 5

K. 8: Er predigte zu ihnen …

Dia 10: M.L. King, Apostel der Gewaltlosigkeit, Dia 6

K. 7: … er sprach zu ihnen …

Dia 11: M.L. King, Apostel der Gewaltlosigkeit, Dia 22

K. 8: und er organisierte einen Busstreik.
K. 7: Und er hatte einen Traum.

Dia 12: M.L. King, Apostel der Gewaltlosigkeit, Dia 8

K. 10: Ich habe einen Traum, dass eines Tages auf den roten Hügeln von Gregoria die Söhne früherer Sklaven und die Söhne früherer Sklavenhalter miteinander am Tisch der Brüderlichkeit sitzen können. Ich habe einen Traum, dass meine vier kleinen Kinder eines Tages in einer Nation leben werden, in der man sie nicht nach ihrer Hautfarbe, sondern nach ihrem Charakter beurteilen wird. Ich träume davon, dass eines Tages der Krieg ein Ende nehmen wird, dass die Männer ihre Schwerter zu Pflugscharen und ihre Spieße zu Sicheln machen werden und dass kein Volk wider das andere ein Schwert aufheben und nicht mehr kriegen lernen wird. Und die Herrlichkeit des Herrn wird offenbar werden und alles Fleisch wird es sehen. Das ist unsere Hoffnung.

K. 11: Martin Luther setzte sich für seinen Traum ein.

Dia 13: M.L. King, Apostel der Gewaltlosigkeit, Dia 9)

K. 7: Er wurde oft festgenommen und war mehrmals im Gefängnis.

Dia 14: M.L. King, Apostel der Gewaltlosigkeit, Dia 17

K. 8: Er hat viele Auszeichnungen bekommen. 1964 wurde ihm der Friedensnobelpreis verliehen.

K. 7: Martin Luther King hat für Gleichberechtigung, Gerechtigkeit und Frieden gekämpft, aber ohne Gewalt, sondern mit Liebe, Geduld und Ausdauer. Für seinen Traum hat er sich mit seinem Leben eingesetzt.

Dia 15: M.L. King, Apostel der Gewaltlosigkeit, Dia 31

K. 9: Am 4. April 1968 wurde auf ihn ein Attentat ausgeübt. Es war nicht das erste Attentat, doch diesmal trafen ihn die tödlichen Schüsse.

Dia 16: M.L. King, Apostel der Gewaltlosigkeit, Dia 30

K. 10: Der Mörder hat Martin Luther King wohl töten können, aber sein Traum lebt weiter. Andere, Farbige und Weiße, haben sich für seinen Traum eingesetzt. Und immer wieder gibt es Menschen, die sein Werk fortsetzen. Manches hat sich seitdem erfüllt, aber noch ist vieles offen, wartet sein Traum auf uns.

Selig sind, die Frieden stiften

Symbol

Mauer der Gewalt –
Brücke des Friedens

Leitgedanke

Frieden

Biblischer Bezug

Matthäus 5,9

Personen

Pastor/in; Lektor/in, etwa 10 Konfirmanden/inn/en

Materialien

– große Pappkartons (Bananenkartons!)
– roter/weißer Tonkarton
– „Tauben-Puzzle" (s.u.)

Vorbereitung

Der Zahl der Konfirmanden und des Unterrichtenden entsprechend sind große Pappkartons zu sammeln (praktische Größe: Verpackungen für Bananen) und auf beiden Seiten mit Tonkarton zu bekleben. Auf der einen Seite, der Mauer der Gewalt, wechseln rote Flächen mit weißen Flächen, auf denen verschiedene Stichworte (Feindschaft, Schläge, Stacheldraht, Gewalt, Hass, Luftgewehr …) stehen. Auf der anderen Seite befindet sich eine über eine Brücke schwebende Taube mit einem Zweig im Schnabel als Symbol der Brücke des Friedens (s. Titelbild dieses Buches). Die Konfirmanden erhalten Kopien von **M 1–3**, markieren und sprechen ihre Texte.

Literatur/Hinweise

– Martin Auer: Der seltsame Krieg. Geschichten für den Frieden, Weinheim 2000.
– Gudrun Pausewang: Friedensgeschichten, Ravensburg 1987.
– Hans Schmidt: Frieden (Themen der Theologie 3), Stuttgart 1969.
– Wenn die Streitaxt begraben wird. Märchen der Menschen vom Frieden, hg. von Dietrich Steinwede, Gütersloh 1986.

Dem Frieden in der Welt gehört – das zeigen Gespräche wie Umfragen – die große Sorge der Jugendlichen. Das ist verständlich, denn zum einen erleben sie sehr bewusst die Konflikte in der Gesellschaft wie auf der gesamten Erde, zum anderen geht es ja um ihre eigene Zukunft. Daran haben sie ein elementares Interesse: Wie wird die Welt sein, in der ich lebe, arbeite und mich engagiere? Christliche Existenz ist Friedensdienst. Die Bergpredigt hat das Gebot des Friedens radikalisiert, es zu seinem Anfang zurückgebracht. Frieden beginnt im Kleinen, aber er darf dort nicht enden. Beide Aspekte, der Frieden in der Familie und der Gruppe sowie der Frieden in der Welt gehören zusammen, beide Aspekte sind voneinander abhängig, bedingen und ergänzen sich. In diesem Gottesdienst ist versucht worden, beide Aspekte zusammenzusehen.

Wichtiger Baustein dieses Vorstellungsgottesdienstes ist die „Mauer der Gewalt“ beziehungsweise die „Brücke des Friedens“ mit der Taube. Sie sollte möglichst groß sein und benötigt zur Erstellung wie zum Aufbau etwas Geschick. Für die Vorbereitung des Themas sollten neben der angegebenen Geschichte von Zwerenz „Nicht alles gefallen lassen…“ weitere Erzählungen hinzugezogen werden (siehe Literatur). Wesentlich ist, dass das Thema aus verschiedenen Perspektiven angegangen wird. Auch eine kleine Antikriegsausstellung kann erarbeitet und im Gottesdienstraum aufgestellt werden.

Zum Anfang

VORSPIEL UND BEGRÜSSUNG

LIED

Steh mit mir auf (ML, B 104)

EINGANGSWORT

PSALMWORTE nach Psalm 86 (PK 26)

LIED

Lebenseinmaleins (ML, B 115)

Spielszene

Wie Gewalt beginnt (**M 1**)

Die Konfirmanden zeigen in einer Pantomime, wie Gewalt entsteht und wie sie immer weiter anwächst.

Die Bergpredigt schärft uns den Auftrag zum Frieden ein. Auf Schritt und Tritt begegnet uns aber die Erfahrung von Gewalt, die stetig zunimmt. Die Pantomime führt direkt zu der anschließenden Geschichte von Gerhard Zwerenz „Nicht alles gefallen lassen …“

Aktion

Die Mauer der Gewalt (**M 2**)

Die Konfirmand/inn/en 5 und 6 lesen nach einer kurzen Einführung die Geschichte von Gerhard Zwerenz, in der eine Nachlässigkeit zum Konflikt führt, der sich zuletzt ins Absurde steigert.

Während die Geschichte gelesen wird, bauen Jugendliche die “Mauer der Gewalt“ auf. Sie besteht aus großen roten Steinen aus Pappe, dazwischen finden sich immer wieder einzelne Steine mit Stichwörtern aus der Geschichte (Feindschaft, Schläge, Stacheldraht, Gewalt, Hass, Luftgewehr …). So wird deutlich, wie sich die Mauer immer weiter aufbaut und zum Schluss unüberwindbar vor uns steht. Die Zahl der Steine sollte möglichst der Anzahl der Konfirmand/inn/en entsprechen einschließlich des Unterrichtenden. In diesem Gottesdienst werden 28 Steine verwendet.

Text

Schuldbekenntnis (**M 3**)

Die Konfirmanden 7–10 sprechen das Bekenntnis der Schuld.

Die Entstehung von Gewalt, an der auch wir Anteil haben, macht uns immer wieder bewusst, wie weit wir noch von unserem Auftrag zum Frieden entfernt sind und wie oft wir schuldig werden an den Menschen und vor Gott.

Gebet

P.: Gott,
Frieden hast du uns versprochen,
Frieden soll noch werden.
Wenn wir auf uns sehen,
wenn wir um uns sehen,
dann fällt es uns schwer,
daran noch zu glauben.
Lass uns an deinem Wort festhalten
und auf deine Zusage trauen,
nimm uns in deine Verheißung
und mach uns zum Werkzeug
deines Friedens. Amen.

Lesung

Matthäus 5,3-12

Lied

Selig seid ihr (ML, B 97)

Zum Weiterdenken

Pastor/in geht von Geschichte „Nicht alles gefallen lassen ..." aus auf die Situation der Konfirmandengruppe – und ihren Auftrag zum Frieden – ein.

Der Auftrag zum Frieden gilt jedem und jeder persönlich. Die Entscheidung für Jesus Christus hat auch praktische Folgen. Vor der Wahl zwischen Liebe und Hass, zwischen Frieden und Gewalt stehen wir immer wieder. Das Evangelium zeigt uns unmissverständlich, auf welche Seite wir gehören. So kann durch uns aus der Mauer der Gewalt eine Brücke des Friedens werden.

Nicht alles gefallen lassen ... – eine unmögliche Geschichte. Wir haben über sie nachgedacht und dabei wurde uns noch einmal bewusst, dass es überall Gewalt gibt, wohin wir sehen. Die Gewalt ist immer unter uns. Der Anlass kann klein, gering und nichtig sein. Neid, Antipathie und Aggression kommen zusammen und mischen sich. Und leicht kann aus einem Missverständnis, einer Meinungsverschiedenheit ein handfester Streit, eine regelrechte Feindschaft werden. Gewalt baut sich auf, sie nimmt zu und schaukelt sich hoch. Andere kommen hinzu, die Gewalt zieht Kreise und wird zur Spirale. Die Waffen werden stärker, schärfer und härter. Zuletzt mündet und endet die Gewalt in einer Atomexplosion – von der Bratpfanne zur Atombombe? Keine Familie verfügt natürlich über atomare Waffen. Aber wenn die Spirale der Gewalt konsequent zu Ende gedacht und gedreht wird, muss das der Schlusspunkt sein.

Wie allgegenwärtig sind in unserem Leben die schlimmsten Formen der Gewalt. Auf den Fernsehbildschirmen sehen wir – nicht selten zu unserer Unterhaltung –, wie gemordet, geplündert, geraubt, vernichtet, zerstört und getötet wird. Das alles wird eingepackt in die spannende Story eines Krimis oder eines Agententhrillers oder aber auch zur Nachrichtenzeit gesendet, aufgenommen auf den Kriegsschauplätzen und den Katastrophengebieten der ganzen Welt.

Für Kinder gibt es Kriegsspielzeug, für Jugendliche und Erwachsene PC-Programme und Gesellschaftsspiele, in denen nach Anleitung und Herzenslust fremde Länder besetzt werden können, Schiffer versenkt, Panzer beschossen und Bomben gezündet werden … die Gewalt wird zum Spiel. Wir üben die Vernichtung der Welt von Kindesbeinen an. Ich bin mir nicht mehr so sicher, ob Gerhard Zwerenz so sehr übertrieben hat. Man schmunzelt, man lächelt und zugleich steckt man mitten drin in dieser Geschichte: Es ist unsere Geschichte.

Die Mauer der Gewalt, die sich vor uns aufgebaut hat, besteht aus 28 Steinen. Für jeden von uns ein Stein: … (Anzahl der Konfirmanden) Konfirmanden und ich. Auch wir sind Bausteine dieser Mauer der Gewalt, jeder von uns auf seine Weise, mit verletzenden Worten, mit verachtender Überheblichkeit und mit einer beschämenden Gleichgültigkeit.

Oft denke ich an die Stunden im Unterricht, die schön waren, die Spaß gemacht haben und in denen wir gemeinsam ganz dicht an der Sache waren. Es gab aber auch Stunden, da spürte ich, wie eine Mauer zwischen uns stand. Wir haben uns aneinander gerieben, haben auch Gewalt ausgeübt, von beiden Seiten, durch Druck und Verweigerung. Es ging bei uns nicht anders zu als es auch sonst zugeht, wo Menschen zusammen sind und miteinander leben, lernen und arbeiten.

Und oft habe ich mich dann auch gefragt: Muss das so sein? Gibt es keinen anderen Weg? Gibt es keinen Ausweg. Als Jesus in Jerusalem einzog, haben die Menschen an den Straßen gejubelt, mit lauten Zurufen haben sie ihn begrüßt. Gekommen ist der Gottessohn, der König der Welt, der Friedefürst. Er ist kein Herrscher nach den Maßstäben dieser Welt; keiner, der Macht mit sich bringt und ausübt. Seine Hand regiert in Liebe und sein Zepter ist Barmherzigkeit.

Jesus hat in seinem Leben den Frieden gelebt. „Wer zum Schwert greift, wird durch das Schwert umkommen“, hat er zu seinen Jüngern gesagt. Und er hat es ihnen vorgemacht, im Großen wie im Kleinen. Er ist zu den Menschen gegangen, er hat sie angehört, er hat sie angenommen. Denen, die Hass und Feindschaft streuten, hat er das Handwerk gelegt. Jenen, die in Furcht lebten, hat er die Angst genommen. Das Neue Testament ist voller Geschichten, die davon Handeln, wie Jesus das Heil zu den Menschen brachte, wie er ihnen Gottes Frieden schenkte.

Aktion

Brücke des Friedens

Während des zweiten Teils der Predigt bauen die Jugendlichen die Mauer um. Auf der Rückseite der Bausteine ist auf blauem Hintergrund eine große Friedenstaube, die über einer Brücke schwebt, gemalt. Stein um Stein entsteht das Friedensbild.

So manche Mauer der Gewalt ist gefallen, so mancher Stein wurde abgetragen. In Friedensgesprächen und Verhandlungen haben sich Menschen genähert, sind sie auf einander zugegangen. Angst ist gewichen, aus Feinden wurden Freunde. Jesus hat ihnen eigentlich etwas ganz Einfaches und Einleuchtendes deutlich gemacht: Warum sollten wir uns hassen, wenn wir in Güte und Liebe viel besser miteinander auskommen? Warum Vorurteile? Warum Neid? Warum eigentlich Hass?

Ich bin mir sicher: Wir erreichen mehr, wenn wir versuchen, einander zu verstehen. Wir kommen weiter, wenn wir auf den anderen zugehen, nicht nur an uns denken, sondern den anderen mit einbeziehen, wenn es uns bewusst wird, dass wir nur gemeinsam eine Zukunft haben. Der andere braucht uns genauso wie wir ihn. Urteile gehen uns leicht über die Lippen, nötiger aber sind Liebe und Verständnis. Mauern lassen sich schnell errichten, wichtiger aber sind die Brücken der Verständigung und des Friedens.

Ob wir uns mit Recht Christen nennen dürfen, zeigt sich letztlich daran, ob wir bereit sind, unser Leben im Sinne Jesu Christi zu wagen, ob wir den Mut haben, uns auf seine Botschaft einzulassen. Jesus hat es den Tod gebracht. Die ihm zujubelten, haben ihn nur zu bald fallen lassen. Auch die Jünger Jesu sind auf grausame Weise gestorben. Sie haben es gewusst, aber das war es ihnen wert. Wir haben es heute einfacher. Wir kommen mit dem Leben davon. Mehr noch: Wir werden das Leben gewinnen. Jesus verspricht den Friedensstiftern die Gotteskindschaft. Das heißt: Wer für den Frieden lebt, den zählt Gott zu den Seinen. Der Frieden ist Gottes Sache. Gottes Sache ist unser Auftrag. Gott wird uns begleiten und er wird, was wir beginnen, zuletzt vollenden.

… (Anzahl der Konfirmanden) Steine – … Leben: … Bausteine für eine Mauer der Gewalt, aber auch: … Bausteine für die Brücke des Friedens auf der steht: „Selig sind, die Frieden stiften …“. Amen.

Lied

Herr, gib mir Mut zum Brücken bauen (ML, B 60)

Zum Abschluss

Fürbittengebet und Vaterunser

Hinführung zum Segen

P. Wir sind unterwegs, aber wir möchten nicht allein sein.
Wir brauchen einander zur Ermutigung und zur Stärkung auf dem Weg des Friedens.
Wir brauchen Gottes Gegenwart, damit wir in Hoffnung und Zuversicht unseren Weg gehen können.
Gott wird mit uns sein.

Lied

Schalom (ML, B 47)

Segen und Nachspiel

Wie Gewalt beginnt **M1**

K(onfirmand/inn/en) 1–6 und mehrere Jugendliche, die parallel zum Text in einer Pantomime andeuten, wie zwei Personen eine Auseinandersetzung haben; andere kommen hinzu, beteiligen sich daran. So geht der Streit immer weiter und erfasst immer mehr.

K. 1: Selig sind, die Frieden stiften, sagt Jesus in der Bergpredigt.
K. 2: Er sagt das zu einer großen Menschenmenge, die sich um ihn versammelt hat.
K. 1: Menschen aus der ganzen Umgebung,
K. 2: Menschen aus allen Schichten,
K. 1: Menschen allen Alters,
K. 2: Menschen wie du und ich.
K. 1: Selig sind, die Frieden stiften.
K. 2: Gottes Botschaft an alle Menschen, damals wie heute.
K. 1: Gottes Auftrag an uns.
K. 3: Frieden ist die eine Seite,
K. 4: Krieg die andere.
K. 3: Nächstenliebe ist das eine,
K. 4: Angst und Gewalt das andere.
K. 3: Wir bekommen sie zu spüren – auf Schritt und Tritt.
K. 4: Wir geben sie weiter,
K. 3: wir teilen sie aus:
K. 4: zu Hause, in der Familie,
K. 3: unter Geschwistern,
K. 4: in der Schule, im Unterricht,
K. 3: und auch unter Freunden.
K. 4: Gewalt kann ganz klein beginnen, so zum Beispiel.

Die Mauer der Gewalt **M2**

Konfirmanden lesen die Geschichte von Gerhard Zwerenz

K. 5: So kann Gewalt beginnen,
so wird Gewalt weitergereicht,
so wächst Gewalt.
Sie wird zu einer Kette ohne Ende.

K. 6.: Ohne Ende? Ich weiß nicht. Gerhard Zwerenz erzählt davon, wohin Gewalt führen kann.

K. 5: Du meinst die Geschichte „Nicht alles gefallen lassen ...“. Meinst du da, da ist was dran. Die ist doch nur komisch!

K. 6: Komisch ja, aber sie ist leider auch eine sehr ernste Geschichte. Vieles ist übertrieben und überzeichnet, aber so wird die Wahrheit auch um so deutlicher.

Wir wohnten im dritten Stock mitten in der Stadt und haben uns nie etwas zuschulden kommen lassen, auch mit Dörfelts von gegenüber verband uns eine jahrelange Freundschaft, bis die Frau sich kurz vor dem Fest unsre Bratpfanne auslieh und nicht zurückbrachte. Als meine Mutter dreimal vergeblich gemahnt hatte, riss ihr eines Tages die Geduld, und sie sagte auf der Treppe zu Frau Muschg, die im vierten Stock wohnt, Frau Dörfelt sei eine Schlampe. Irgendwer muss das den Dörfelts hinterbracht haben, denn am nächsten Tag überfielen Klaus und Achim unsern Jüngsten, den Hans, und prügelten ihn windelweich.

Ich stand grad im Hausflur, als Hans ankam und heulte. In diesem Moment trat Frau Dörfelt drüben aus der Haustür, ich lief über die Straße, packte ihre Einkaufstasche und stülpte sie ihr über den Kopf. Sie schrie aufgeregt um Hilfe, als sei sonst was los, dabei drückten sie nur die Glasscherben etwas auf den Kopf, weil sie ein paar Milchflaschen in der Tasche gehabt hatte. Vielleicht wäre die Sache noch gut ausgegangen, aber es war just um die Mittagszeit, und da kam Herr Dörfelt mit dem Wagen angefahren. Ich zog mich sofort zurück, doch Elli, meine Schwester, die mittags zum Essen heimkommt, fiel Herrn Dörfelt in die Hände. Er schlug ihr ins Gesicht und zerriss dabei ihren Rock. Das Geschrei lockte unsre Mutter ans Fenster, und als sie sah, wie Herr Dörfelt mit Elli umging, warf unsre Mutter mit Blumentöpfen nach ihm. Von Stund an herrschte erbitterte Feindschaft zwischen den Familien.

Weil wir nun Dörfelts nicht über den Weg trauen, installierte Herbert, mein ältester Bruder, der bei einem Optiker in die Lehre geht, ein Scherenfernrohr am Küchenfenster.

Da konnte unsre Mutter, waren wir andern alle unterwegs, die Dörfelts beobachten.

Augenscheinlich verfügten diese über ein ähnliches Instrument, denn eines Tages schossen sie von drüben mit einem Luftgewehr herüber. Ich erledigte das feindliche Fernrohr dafür mit einer Kleinkaliberbüchse, an diesem Abend ging unser Volkswagen unten im Hof in die Luft. Unser Vater, der als Oberkellner im hoch renommierten Café Imperial arbeitete, nicht schlecht verdiente und immer für den Ausgleich eintrat, meinte, wir sollten uns jetzt an die Polizei wenden. Aber unserer Mutter passte das nicht, denn Frau Dörfelt verbreitete in der ganzen Straße, wir, das heißt unsre gesamte Familie, seien derart schmutzig, dass wir mindestens zweimal jede Woche badeten und für das hohe Wassergeld, das die Mieter zu gleichen Teilen zahlen müssen, verantwortlich wären.

Wir beschlossen also, den Kampf aus eigener Kraft in aller Härte aufzunehmen. Auch konnten wir nicht mehr zurück, verfolgte doch die gesamte Nachbarschaft gebannt den Fortgang des Streites. Am nächsten Morgen schon wurde die Straße durch ein mörderisches Geschrei geweckt.

Wir lachten uns halb tot, Herr Dörfelt, der früh als Erster das Haus verließ, war in eine tiefe Grube gefallen, die sich vor der Haustür erstreckte. Er zappelte ganz schön in dem Stacheldraht, den wir gezogen hatten, nur mit dem linken Bein zappelte er nicht, das hielt er fein still, das hatte er sich gebrochen.

Bei alledem konnte der Mann noch von Glück sagen – denn für den Fall, dass er die Grube bemerkt und umgangen hätte, war der Zünder einer Plastikbombe mit dem Anlasser seines Wagens verbunden. Damit ging kurze Zeit später Klunker-Paul, ein Untermieter von Dörfelts, hoch, der den Arzt holen wollte. Es ist bekannt, dass die Dörfelts leicht übelnehmen. So gegen zehn Uhr begannen sie unsre Hausfront mit einem Flakgeschütz zu bestreichen. Sie mussten sich erst einschießen und die Einschläge befanden sich nicht alle in der Nähe unserer Fenster.

Das konnte uns nur recht sein, denn jetzt fühlten sich auch die anderen Hausbewohner geärgert, und Herr Lehmann, der Hausbesitzer, begann um den Putz zu fürchten. Eine Weile sah er sich die Sache noch an, als aber zwei Granaten in seiner guten Stube krepierten, wurde er nervös und übergab uns den Schlüssel zum Boden.

Wir robbten sofort hinauf und rissen die Tarnung von der Atomkanone. Es lief alles wie am Schnürchen, wir hatten den Einsatz oft genug geübt. Die werden sich jetzt ganz schön wundern, triumphierte unsre Mutter und kniff als Richtkanonier das rechte Auge fachmännisch zusammen. Als wir das Rohr genau auf Dörfelts Küche eingestellt hatten, sah ich drüben gegenüber im Bodenfenster ein gleiches Rohr blinzeln, das hatte freilich keine Chance mehr, Elli, unsre Schwester, die den Verlust ihres Rockes nicht verschmerzen konnte, hatte zornroten Gesichts das Kommando ‚Feuer!' erteilt.

Mit einem unvergesslichen Fauchen verließ die Atomgranate das Rohr. Zugleich faucht es auch auf der Gegenseite. Die beiden Geschosse trafen sich genau in der Straßenmitte.

Natürlich sind wir nun alle tot, die Straße ist hin, und wo unsre Stadt früher stand, breitet sich jetzt ein graubrauner Fleck aus. Aber eins muss man sagen, wir haben das Unsre getan, schließlich kann man sich nicht alles gefallen lassen. Die Nachbarn tanzen einem sonst auf der Nase herum.

Schuldbekenntnis **M3**

K(onfirmand/inn/en) 7–10 sprechen gemeinsam das Schuldbekenntnis

K. 7: Eine Geschichte der Gewalt,
K. 8: eine Mauer aus Angst und Hass.
K. 7: Wir sind Teil dieser Geschichte,
K. 8: ein Baustein dieser Mauer.
K. 7: Vielleicht stehen wir am Anfang
K. 8.: oder auch schon mitten drin.
K. 7: Wir merken, wie wir schuldig werden und versagen.

K. 8: Wir bekennen vor Gott unsere Schuld,
in die wir uns verstrickt haben,

K. 7: unsere Verfehlungen, die uns
zum Verhängnis geworden sind.

K. 9: Herr,
wir reden von Nächstenliebe.

K. 10: Aber wir denken nur an uns.
Wir sind uns selbst der Nächste.

K. 9: Den anderen annehmen,
wer tut das schon?

K. 10: Aus Liebe schenken
und in Liebe empfangen,
wer kann das noch?

K. 9: Herr,
wir reden vom Frieden.

K. 10: Aber die linke Backe hinhalten,
wer von uns vermag das?

K. 9: Die zweite Meile gehen,
wer tut das schon?

K. 10: Den Feind lieben?
Wer will das?

K. 9: Herr,
unsere Worte verletzen
wie giftige Pfeile,
unsere Taten sind
wie Schläge und Hiebe.

K. 10: Deshalb kommen wir vor dich,
und bitten dich um Vergebung:
Herr, sei uns Sündern gnädig.

P.: Ich weiß wohl, was ich für Gedanken über euch habe, spricht der Herr: Gedanken des Friedens und nicht des Leides, dass ich euch gebe das Ende, des ihr wartet. Und ihr werdet mich anrufen und hingehen und mich bitten und ich will euch erhören. Ihr werdet mich suchen und finden; denn wenn ihr mich von ganzem Herzen suchen werdet, so will ich mich von euch finden lassen ... (Jeremia 29,11-14)

Nach den Sternen greifen

Symbol

Sterne

Leitgedanke

Horoskope und die Freiheit der Christen

Biblischer Bezug

Psalm 8 / 2. Korinther 3,4

Personen

Pastor/in, Lektor/in, etwa 13 Konfirmanden/inn/en

Materialien

- farbiger Karton für Symbole des Tierkreises
- Jugendzeitschriften mit Horoskop-Teil

Vorbereitung

Die Symbole der Sternkreiszeichen werden als große Zeichen aus farbigem Karton erstellt. Aus Handbüchern werden die Charakteristika der Sternzeichen herausgesucht, die Konfirmanden ordnen sich zu. Jugendzeitschriften werden auf ihre Horoskope hin untersucht. Für die Sprechszene sind die Jugendzeitschriften mitzubringen. Die Konfirmanden erhalten Kopien von **M 1–4** markieren und sprechen ihre Texte.

Literatur/Hinweise

- Rudolf Drössler: Planeten, Tierkreiszeichen, Horoskope. Mythologie, Spekulation, Wirklichkeit, Freiburg 1992.
- Friedrich-Wilhelm Haack: Astrologie (Münchner Reihe), München ^{5}1988.

Horoskope finden sich in fast allen Illustrierten, auch in den Jugendzeitschriften. Sie haben auf alle Generationen eine Anziehungskraft. Zwar werden sie mit einem leichten Lächeln gelesen, aber zu groß ist der Reiz, etwas über sich selbst und die Zukunft zu erfahren, um sie völlig zu übersehen. Die Kehrseite der Horoskope ist, dass sie nicht nur mit den Wünschen der Menschen ihr Geschäft machen, sondern auch mit den Ängsten. Das Evangelium macht frei, befreit vom Aberglauben, befreit zum Handeln für eine neue Zukunft. So mündet das Thema „Horoskope“ in das der Nachfolge. Beide Aspekte sind in der Vorbereitung im Blick zu behalten.

Zum Anfang

VORSPIEL UND BEGRÜSSUNG

LIED

Gott des Himmels und der Erden (EG 445,1.2.5)

EINGANGSWORT

WORTE IM WECHSEL

Der Himmel über uns (nach Psalm 8, **M 1**)

Die Konfirmand/inn/en 1–4 sprechen im Wechsel eine Paraphrase nach Psalm 8, in dem das Staunen des Menschen angesichts der Weite des Sternenhimmels und der Erde seinen Ausdruck findet sowie darüber, dass Gott ihm die Freiheit geschenkt hat und die Verantwortung für die Welt.

GEBET

P.: Guter Gott,
wir freuen uns an der Welt,
so wunderbar hast du alles geschaffen.
die Pflanzen, die Tiere und auch den Menschen,
eine Stimme hast du uns gegeben,
wir können miteinander reden,
wir können zu dir sprechen,
wir danken dir für diese Welt,
für unser Leben, für das Heute und das Gestern,
wir sind gespannt auf die Zukunft
und vertrauen darauf, dass deine Liebe
uns auch morgen noch umgibt. Amen.

LESUNG

Galater 3,25-29

In Galatien, der heutigen Türkei, hat Paulus mehrere Gemeinden gegründet. Die Menschen dort haben ihn herzlich aufgenommen und er hat ihnen von Jesus Christus erzählt, „der uns zu einem neuen Leben befreit hat“. Die Galater haben sich taufen lassen und wurden zu Christen. Aber so leicht war es nicht, das alte Leben zu verlassen. Paulus erfährt davon, dass sie wieder angefangen haben, die alten Feste zu begehen, bestimmte Tage und Monate zu halten. Da erinnert er sie daran, dass sie doch nun von allem Aberglauben befreit sind, durch die Taufe sind sie Kinder Gottes geworden.

GLAUBENSBEKENNTNIS

durch die Konfirmand/inn/en

LIED

Liebe ist nicht nur ein Wort (ML, B 51)

Zum Hineinkommen

AKTION

Den Himmel deuten – die Sternzeichen (**M 2**)

Die Konfirmanden präsentieren sich mit ihren Sternzeichen. Zu dem jeweiligen Symbol werden die Charakteristika verlesen, die dazugehörigen Jugendlichen stellen sich zu ihren Zeichen. Am Ende ist die gesamte Konfirmandengruppe versammelt.

LIED

Erd und Himmel (ML, B 6,1.2)

SPRECHTEXT

Was in den Sternen steht (**M 3**)

Die Jugendlichen lesen aus dem Horoskop einer Jugendzeitschrift; dabei wird deutlich, wie sehr das eigene Interesse das Hören bestimmt.

SPRECHTEXT

Wo der Geist des Herrn ist, da ist Freiheit (**M 4**)

Neugierde ist das eine, Abhängigkeit das andere, und von dem einen kann es ein kleiner Schritt zu dem anderen sein. Der Sprechtext führt zu einer Haltung, die das Horoskop hinterfragt. Die biblische Tradition hat ein kritisches Verhältnis zu jeder Form von Abhängigkeit. Sie verteidigt die Freiheit des Menschen, die stets die Freiheit ist, sich für Gott zu entscheiden.

LIED

Erd und Himmel (ML, B 6,3.4)

Zum Weiterdenken

Pastor/in erzählt das Märchen vom Sterntaler und verbindet es mit der Passionsgeschichte Jesu von Nazareths. Das Motiv der Sehnsucht bestimmt das Sterntaler-Märchen. Es lehrt den völligen Verzicht, nur so lässt sich das ersehnte Ziel erreichen. Märchen und Passionsgeschichte berühren sich an diesem Punkt. Der Weg der Nachfolge verschweigt die Risiken nicht, aber er stellt auch eine Belohnung in Aussicht: Wir werden das Ziel unseres Lebens finden.

Er schaute sie von der Seite an und sagte zu ihr, ich hole dir die Sterne vom Himmel. Ob das nicht doch etwas gewagt war, immerhin klang es schon ein wenig kitschig. Aber ihr gefiel es, denn es klang auch nach süßer Romanze und dem ganz großen Glück. An Horoskope glaubten sie beide nicht, aber an die Liebe schon.

Die Sterne vom Himmel holen, das sagt sich so schön, aber wie geht das? Der Himmel auf Erden, wie soll das möglich sein? Eher kommt der Berg zum Propheten. Als Kind mochte sie ein Märchen besonders gern und die Mutter hat es ihr immer wieder vorgelesen. Da ging es auch um den Himmel und die Sterne. Die Mütter würde es ihr nicht mehr vorlesen, aber sie wusste, wo das Märchenbuch steht und so blätterte sie und liest:

Es war einmal ein kleines Mädchen, dem waren Vater und Mutter gestorben, und es war so arm, dass es kein Zimmer mehr hatte, darin zu wohnen, und kein Bett mehr, darin zu schlafen, und endlich gar nichts mehr als die Kleider auf dem Leib und ein Stück Brot in der Hand, das ihm ein mitleidiger Mensch geschenkt hatte. Es war aber gut und fromm. Und weil es von aller Welt verlassen war, ging es im Vertrauen auf Gott hinaus. Da begegnete ihm ein armer Mann, der sprach: »Ach, gib mir etwas zu essen, ich bin so hungrig.« Das Mädchen reichte ihm das ganze Stück Brot und sagte: »Gott segne dir's«, und ging weiter.

Da kam ein Kind, das jammerte und sprach: »Es friert mich so an meinem Kopfe, schenk mir etwas, womit ich ihn bedecken kann.« Da nahm das Mädchen seine Mütze ab und gab sie ihm. Und als das Mädchen noch eine Weile gegangen war, kam wieder ein Kind und hatte keinen Pullover an und fror: Da gab es ihm seinen; und noch weiter, da bat ein Kind um einen Rock, den gab es auch von sich hin. Endlich gelangte das Mädchen in einen Wald; und es war schon dunkel geworden; da kam noch ein Kind und bat um ein Hemd, und das Mädchen dachte: Es ist dunkle Nacht, da sieht dich niemand, du kannst wohl dein Hemd weggeben, und zog das Hemd ab und gab es auch noch hin. Und wie das Mädchen so stand und gar nichts mehr hatte, fielen auf einmal die Sterne vom Himmel und waren lauter silberne harte Taler: Und ob das Mädchen gleich sein Hemd weggegeben hatte, so hatte es ein neues an, und das war vom allerfeinsten Linnen. Da sammelte es die Taler hinein und war reich für sein Lebtag.

Und als sie das Buch wieder zuschlug, da wusste sie, wie man Sterne vom Himmel holt. Nur wer sich verschwendet, wird gewinnen. Nur wer sich verliert, wird das Leben finden. Das ist auch Liebe, die große Liebe. Von Jesus wird erzählt, dass er die Menschen so geliebt hat, dass er sich an den Menschen verschwendet hat, dass er sich an ihnen sogar verloren hat. Wir wissen, wie es ausgegangen ist, an zwei Balken hat es geendet. Alles wurde am Ende durchkreuzt: die Macht und die Schuld, der Hass und die Feindschaft, die Schuld und der Tod. Die Liebe hat auch dieses Ende nicht durchkreuzen können, im Gegenteil: Das Kreuz wurde zum Anfang des neuen Lebens, weil diese Liebe gezeigt hat, wie weit sie geht, wie tief sie geht. Sie lässt sich verraten und schlagen, sie lässt sich verspotten und ausliefern, nur sie weicht nicht, sie geht nicht zurück, sie bleibt.

Der Himmel habe sich zur Erde geneigt, haben die Menschen erzählt, wenn sie von Jesus erzählt haben. Das Reich Gottes hat begonnen, so haben sie auch gesagt. Und eines ihrer ersten Glaubensbekenntnisse lautete wie folgt:

„Er war in allem Gott gleich, und doch hielt er nicht gierig daran fest, so wie Gott zu sein. Er gab alle seine Vorrechte auf und wurde einem Sklaven gleich. Er wurde ein Mensch in dieser Welt und teilte das Leben der Menschen. Im Gehorsam gegen Gott erniedrigte er sich so tief, dass er sogar den Tod auf sich nahm, ja, den Verbrechertod am Kreuz. Darum hat Gott ihn auch erhöht und ihm den Rang und Namen verliehen, der ihn hoch über alle stellt." (Phil 2,6-9)

Er hat nicht nach den Sternen gegriffen, aber er hat die Sterne auf die Erde geholt. Und wenn wir so handeln wie er, wenn wir uns von seinem Leben und Wirken anstecken lassen, wenn wir weitergeben wollen, was wir von ihm erhalten haben, und wenn wir das auch tun, dann können auch wir es erleben, dann geschieht es mitten unter uns.

Im Märchen vom Sterntaler ist eine tiefe Weisheit enthalten, dass nämlich der, der so handelt, nicht immer verstanden wird, dass er vielleicht als verrückt gilt. Er ist von Sinnen, sagten die Leute von Jesus. Aber zuletzt war der Lohn überreich. Das Mädchen im Märchen hat daran nicht gedacht, es hat einfach gehandelt und sich dabei nicht geschont. So wurde es arm und reich zugleich.

Arm an Dingen, aber reich in Gott. Ob das geht, ob das funktioniert? Wir zweifeln, der Glaube aber sagt: Versucht es, wagt es. Ihr könnt viel gewinnen.

In der Konfirmation geschieht etwas ganz Ähnliches: Ihr werdet gestärkt im Glauben und eingeladen zur Nachfolge. Dass Christsein auch seine Risiken hat und im Grunde ein Wagnis ist, das haben wir verlernt, denn es bedeutet sich ganz auf Jesus von Nazareth zu verlassen, sich auf ihn einzulassen und ihm ein Leben lang zu folgen. Er verspricht uns nicht den Himmel auf Erden, aber wenn wir leben, wie er es uns geboten hat, wenn wir reden und handeln, wie er es uns aufgetragen hat, dann kommt der Himmel zur Erde, dann werden wir nicht nach den Sternen greifen müssen, sondern dann werden uns die Sterne zufallen. Das wünsche ich euch für euer Leben, Amen.

LIED

Ein neuer Himmel (ML, B 95)

Zum Abschluss

FÜRBITTENGEBET UND VATERUNSER

LIED

Segne uns mit der Weite des Himmels (LJ 416)

HINFÜHRUNG ZUM SEGEN

P.: Gott hat euch gerufen,
zu einem neuen Leben seid ihr berufen;
Gott gibt euch sein Wort,
zu Boten seines Evangeliums seid ihr beauftragt;
Gott verheißt euch seinen Beistand,
ihr werdet nie mehr allein sein.
So geht als die Gesegneten des Herrn
in die Zeit, die nun vor euch liegt.

SEGEN UND NACHSPIEL

Der Himmel über uns – Psalm 8 im Wechsel

M1

K(onfirmand/inn/en) 1–3 sprechen einen freien Text nach Psalm 8

K. 1: Wir loben Gott mit den Worten des 8. Psalms.
K. 2: Wir loben Gott mit den Worten der Bibel und unseren eigenen Worten.
K. 3: HERR, unser Herrscher! Groß ist dein Ruhm auf der ganzen Erde!
Deine Hoheit reicht höher als der Himmel.
K. 1: Herr, du regierst die ganze Welt, den ganzen Kosmos!
K. 2: Bei allen Völkern und in allen Staaten kennt man deinen Namen.
K. 3: Aus dem Lobpreis der Schwachen und Hilflosen baust du eine Mauer, an der deine Widersacher und Feinde zu Fall kommen.
K. 1: Selbst Schwache und Unterdrückte loben dich.
K. 2: Gegen dieses Lob kann keiner etwas ausrichten, Hass und Feindschaft prallen daran wie an einer Mauer ab.
K. 3: Ich bestaune den Himmel, das Werk deiner Hände, den Mond und alle die Sterne, die du geschaffen hast:
K. 1: Manchmal stehe ich spät abends draußen und schaue hoch.
K. 2: Wie ein riesiges Sternenzelt steht der Himmel über mir.
K. 1: Ich komme dann aus dem Staunen gar nicht heraus.
K. 2: Das alles hast du geschaffen, gigantisch, unfassbar.
K. 3: Wie klein ist da der Mensch, wie gering und unbedeutend! Und doch gibst du dich mit ihm ab und kümmerst dich um ihn!
K. 1: Wie klein ist da die Erde, ein Staubkorn nur!
Und was sind wir? Winzig, ein Nichts, total unbedeutend!
K. 2: Und trotzdem zählen wir für dich, jeder Einzelne, jede Einzelne.
Du denkst an uns, du kümmerst dich um uns.
Wir begreifen es nicht und doch ist es so.
K. 3: Ja, du hast ihm Macht und Würde verliehen; es fehlt nicht viel, und er wäre wie du.
K. 1: Du hast dem Menschen den Verstand gegeben,
die Sprache und zwei kräftige Hände.
K. 2: Wir sind dein Ebenbild auf Erden. Du sprichst und wir hören, du redest zu uns und wir antworten dir.
K. 3: Du hast ihn zum Herrscher gemacht über deine Geschöpfe,

alles hast du ihm unterstellt: die Schafe, Ziegen und Rinder, die Wildtiere in Feld und Wald, die Vögel in der Luft und die Fische im Wasser, die kleinen und die großen, alles, was die Meere durchzieht.

K. 1: Alles, was wir sehen, das hast du in unsere Hände gegeben.

K. 2: Das Land, das Wasser, die Luft, die Elemente, die Pflanzen und die Tiere.

K. 1: Sie sind uns anvertraut, wir sollen die Welt erforschen, die Erde bebauen, Wasser und Luft nutzen. Aber nie sollen wir vergessen:

K. 2: Sie sind nicht unser Besitz, sie sind wie wir deine Geschöpfe. Wir sollen mit allem verantwortlich umgehen. Dir sind wir verantwortlich, du bist unser Herr.

K. 3 Herr, unser Herrscher, groß ist dein Ruhm auf der ganzen Erde!

K. 1: Du bist großartig, du bist wunderbar!

K. 2: Von Grönland bis Feuerland, über den Atlantik bis hin zur Südsee, in der Hitze der Wüste und dem ewigen Eis, von unserem Ort bis Tokio:

K. 1: Wir loben dich mit allen Stimmen.

K. 3: Amen.

K. 2: So ist es!

K. 3: So soll es bleiben für alle Zeit.

Den Himmel deuten – die Sternzeichen **M2**

K(onfirmand/inn/en) 3–6 führen zur Sterndeutung hin, die übrigen Jugendlichen halten das Zeichen und den Lexikonartikel über ihr Sternzeichen bereit

K. 3: Wenn ich den Himmel sehe …

K. 5: Einfach gigantisch – und wie viele Menschen vor uns den Himmel betrachtet haben?

K. 4: Generation über Generationen, über die ganze Erde verteilt.

K. 5: Die Sumerer und Babylonier,

K. 4: die Ägypter und Hethiter,

K. 5: die Griechen und Römer,

K. 4: die Inder und Indianer,

K. 5: die Mayas und Inkas,

K. 4: die Eskimos und die Germanen.

K. 5: Einfach alle!
K. 4: Und auch wir!
K. 5: Für manche waren die Sterne auch Orientierung.
K. 4: Für den Weg durch die Wüste, zum Beispiel.
K. 5: Für den Weg durch das Jahr, zum Beispiel.
K. 4: Für den Weg durch das Leben.
K. 5: Für den Weg in die Zukunft.
K. 4: Richtig, sie haben an den Sternen die Zukunft abgelesen.
K. 5: Wie eine Ellipse bewegen sich die Sternzeichen um die Erde.
K. 4: Eingeteilt in zwölf Abschnitte sollen sie, so lehrt es die Astrologie, etwas über den Menschen aussagen.
K. 5: Kennst du dein Sternzeichen?
K. 4: Na klar, es ist: ...
K. 5: Mein Sternzeichen ist: ...
K. 4: Ich denke, jeder kennt sein Sternzeichen.
K. 5: schaut sich um Wollen wir das einmal ausprobieren?
K. 4: Gut, alle, die das Sternzeichen Widder haben, zeigen nun einmal auf. Sie können sich ruhig trauen.
K. 5: Hören wir nun einmal etwas über das Sternzeichen Widder.

Die Konfirmand/inn/en haben von den einzelnen Sternzeichen jeweils ein großes Zeichen erstellt. Wenn das Sternzeichen genannt worden ist, stellen sich alle Jugendlichen aus der Gruppe, die das Sternzeichen haben, hinter das Symbol. Eine/r aus der Gruppe liest einen kurzen Lexikonartikel zum jeweiligen Zeichen vor, in der auch etwas über die Charakteristik der einzelnen Personen gesagt worden ist

K. 6: Jetzt sehen wir alle Sternzeichen.
K. 4: Und noch etwas mehr!
K. 6: Was mehr?
K. 4: Guck mal hin! Jetzt stehen alle diesjährigen Konfirmandinnen und Konfirmanden vorn.

Was in den Sternen steht **M3**

K(onfirmand/inn/en) 7–11 unterhalten sich über Horoskope, zunächst stehen K. 7–9 zusammen, K. 7 und 8 haben eine Jugendzeitschrift in der Hand

K. 7: zu K. 9 Glaubst du an Horoskope?
K. 9: Kommt darauf an!
K. 7: Wie? Entweder man glaubt daran oder nicht.
K. 8: Wenn sie etwas Gutes sagen, dann glaube ich daran und sonst hake ich sie ab.
K. 7: Dann, dann wollen wir doch mal gucken. Was hast du für ein Sternzeichen?
K. 9: Fische.
K. 8: Da wollen wir mal sehen. Da haben wir's: „Beruf und Schule". Du sollst mit den anderen nicht zimperlich sein, weil du sonst alleine dastehst.
K. 9: Nicht zimperlich, aber …
K. 7: Also bei mir steht etwas von einem Energieschub.
K. 9: Energieschub, das gefällt mir schon besser.
K. 7: Dir soll alles gelingen, was du willst.
K. 9: Prima, ich glaube an Horoskope.

K. 10 kommt hinzu, auch mit einer Zeitschrift

K. 10: So einfach ist es nun auch nicht. Bei mir steht in deiner Rubrik: Du sollst eingreifen, wenn Not ist.
K. 9: Das mache ich doch immer. Blöder Tipp. Das hätte ich auch so gewusst. Und wie sieht es mit der Liebe aus. Kommt das große Glück?
K. 7: Bei mir hast du Glück: Es kommt eine süße Romanze und dann die große Liebe.
K. 9: Super, ich kann es gar nicht abwarten! Süße Romanze, hmm …!
K. 8: Vorsicht! Hier steht, dass Fische begehrt sind …
K. 9: Habe ich doch immer gewusst!
K. 8: … aber sich nicht entscheiden können.
K. 10: Und hier lese ich, dass du an den Falschen geraten bist, der passt gar nicht zu dir.
K. 9. Ich habe viel mehr den Eindruck, dass ich bei euch an die Falschen geraten bin. Große Liebe, keine Entscheidung, der Falsche – das ist doch alles Quark!

K. 11 kommt hinzu und guckt neugierig

K. 11: Horoskope, prima! Lasst mal hören. Ich bin Jungfrau und mich interessiert am meisten das Thema Gesundheit.

K. 7: Alles positiv, du bleibst gesund und fit. Herzlichen Glückwunsch!

K. 8: Jungfrau? Gesundheit? O weh, deine Gesundheit ist gefährdet.

K. 11: Das ist doch Schwachsinn! Vielen Dank!

K. 7: Also, ich glaube nicht an Horoskope. Da weiß ich ja nie, was kommt und was ich tun soll.

K. 8. Das Einzige, was ich an Horoskopen glaube ist, dass da jemand ein gutes Geschäft macht.

K. 7: Mit uns, weil wir so blöd sind!

K. 10: So blöd waren!

K. 11: Und der Rest der Welt, sollen wir den auch so dumm lassen?

K. 8: Ich fürchte, die anderen haben das schon längst durchschaut.

K. 7: Nun zu K. 9 gewandt Wie ist es mit dir, glaubst du nun an Horoskope?

K. 9: Kommt darauf an.

K. 7: Worauf?

K. 9: Also, das mit der süßen Romanze, das gefällt mir schon. Wann ist es dann so weit?

K. 7: Das Horoskop war für die letzte Woche!

K. 9: Schade, hätte ich das früher gewusst. Jetzt habe ich die große Liebe verpasst. lacht Naja, aber ich kann mich ja sowieso nicht entscheiden und außerdem wäre ich doch nur an den Falschen geraten. Wie gut, dass es im echten Leben anders zu geht.

Wo der Geist des Herrn ist, da ist Freiheit **M4**

K(onfirmand/inn/en) 12–14 setzen das Gespräch über die Horoskope fort

K. 12: Habt ihr das gehört, das mit den Horoskopen? Das ist doch großer Unfug! Nur Geschäftemacherei!

K. 13: Aber viele Menschen glauben doch daran! Meine Oma zum Beispiel …

K. 14: Nicht nur deine Oma, auch andere, berühmte Leute lassen sich ein Horoskop ausstellen. Aber die meisten geben es nicht zu.

K. 13: Also, ich kann das gut verstehen. Ich möchte doch auch meine Zukunft kennen. Dann kann ich mich darauf vorbereiten. Wenn da zum Beispiel stehen würde: Du bist in Gefahr, ein Unfall droht dir. Dann würde ich immer auf mich aufpassen, die ganze Woche lang.

K. 12: Und danach wärst du dann wieder leichtsinnig. Das kann ganz schön ins Auge gehen.

K. 14: Das geht schon vorher ins Auge. Du wärst so vorsichtig, dass dann schon von ganz allein etwas passieren würde. Und dann würdest du sagen: Mein Horoskop hatte Recht.

K. 12: Und wenn nichts passieren würde, dann könntest du sagen: Wie gut, dass ich aufgepasst habe, sonst wäre mir noch ein Unfall zugestoßen. Mein Horoskop hat doch Recht gehabt.

K. 13: Ihr seid richtige Spielverderber!

K. 14: Weißt du, ich denke, dass uns Gott in Freiheit geschaffen hat. Früher, da haben die Menschen in den Sternen Götter gesehen. Sie hatten die Zukunft der Menschen in der Hand.

K. 13: Und wir sind dann nur …

K. 12: Marionetten, an ihren Fäden.

K. 14: Aber schon im Alten Testament steht, dass auch die Sterne lediglich die Geschöpfe Gottes sind. Sie leuchten wunderbar – und das war es dann auch.

K. 12: Du hast doch bestimmt vorhin auch den Psalm 8 gehört?

K. 13: Na klar!

K. 12: Ist dir da nicht etwas klar geworden?

K. 13: Ich weiß nicht, was du meinst.

K. 12: Wenn unsere Zukunft vorher bestimmt wäre, dann könnten wir tun und lassen, was wir wollten, es wäre immer richtig oder falsch, auf jeden Fall könnten wir nichts dafür und wären nicht verantwortlich.

K. 13: Mir dämmert was! Weil Gott uns über die Erde gesetzt hat, über die Elemente, die Pflanzen und Tiere, sind wir ihm auch verantwortlich.

K. 14: Das meinst die Ebenbildlichkeit Gottes. Gott spricht uns an, und nur uns, uns Menschen, und wir sollen ihm antworten, was wir getan haben. Wir sind ihm verantwortlich.

K. 13: Das klingt ganz schön nach Kirchlichem Unterricht, aber eigentlich stimmt es schon. Aber die Sternkreiszeichen, die sind doch schön, da steht bei mir so vieles, das passt so gut.

K. 12: Und so vieles, das passt ganz und gar nicht, und so vieles, das würdest du so gerne sein.

K. 14: Es ist eben so allgemein, dass immer etwas passen muss, und das andere, das nimmt man dann mit in Kauf.

K. 13: Ihr seid richtig gemein, wo doch gerade bei mir steht ... aber das ist ja auch egal.

K. 12: Weißt, du, wir mögen dich, wie du bist. Du kannst dich ja auch verändern, dann kannst dir du dein Sternzeichen ohnehin an den Hut stecken. Dann passt nichts mehr.

K. 12: Gott hat uns wunderbar geschaffen, mit vielen herrlichen Eigenschaften und Fähigkeiten.

K. 14: Und die sollen wir einsetzen. Zur Freiheit sind wir berufen, steht zumindest in der Bibel. Das ist zwar nicht immer einfach, aber es ist schöner.

K. 12: „Wo der Geist des Herrn ist, da ist Freiheit."

K. 13: Wer sagt das denn?

K. 12: Paulus hat das gesagt.

K. 13: Was ihr nicht alles wisst!

K. 14: Kunststück, wir haben ja auch diesen Gottesdienst mit vorbereitet. Und da sind wir dann auf diesen Satz gestoßen.

K. 12: Und wir finden, das ist eine gute Zusammenfassung.

K. 13: Und wenn ich mir jetzt so die Sterne ansehe, dann denke ich an die Weite dieser Welt, in die wir gestellt sind, und atme die Freiheit, die Gott uns geschenkt hat.

… weil ich noch immer an das Gute im Menschen glaube – aus dem Leben der Anne Frank

Leitgedanke

Mut zum Leben haben – selbst in der Verfolgung

Personen

Pastor/in; Lektor/in, etwa 15 Konfirmand/inn/en

Materialien

- Dias zum Leben der Anne Frank
- Radiostimme und Glockengeläut
- Tisch, Tagebuch, ein Stuhl
- Kassettenrecorder, Diaprojektor und Leinwand

Vorbereitung

Aus den Sachbüchern (s. Literatur) sind Dias zum Leben der Anne Frank zu erstellen. Die Konfirmanden erhalten Kopien von **M1** und **M2**, markieren, sprechen ihre Texte, proben ihre Rollen. Die Radiostimme ist mit einem Kassettenrecorder aufzunehmen. Aus dem Hörspiel (s. Literatur) wird das Glockengeläut der Westerkerk eingeblendet. Im Altarbereich stehen ein einfacher Tisch, auf dem ein Tagebuch liegt, davor steht ein Stuhl. Kassettenrecorder, Diaprojektor und Leinwand sind vorbereitet.

Literatur/Hinweise

- Anne Frank: Tagebuch, Fassung von Otto H. Frank und Mirjam Pressler, aus dem Niederländischen von Mirjam Pressler, Frankfurt/Main 1992.
- Das Tagebuch der Anne Frank. Texte und Szenen, eingerichtet von Marei Obalden, Hamburg 1985 (Hörspiel).
- Anne Frank Haus – ein Haus mit einer Geschichte. Das Leben der Anne Frank, der Familien im Versteck und die Judenverfolgung im Zweiten Weltkrieg, Anne Frank Haus Amsterdam 1999-2000 (CD-ROM).
- Mirjam Pressler: Ich sehne mich so. Die Lebensgeschichte der Anne Frank, Weinheim 1992.
- Ruud van der Rol/Rian Verhoeven: Anne Frank, Deutsch von Mirjam Pressler, Hamburg 1993.

Dieser Gottesdienst setzt eine intensive Beschäftigung mit dem Tagebuch der Anne Frank voraus. Das Medienangebot zu diesem Thema reicht von Textsammlungen und Bildbänden bis zu Hörspielen, Videofilmen und einer ausgezeichneten CD-ROM. Wesentlich ist aber auch die Auseinandersetzung mit dem Tagebuch selbst.

Im Mittelpunkt des Gottesdienstes stehen einzelne Szenen, die einen vorsichtigen Versuch darstellen, sich das Leben im Hinterhaus vorzustellen. Natürlich geht es um die Sichtweise von Anne Frank, um ihre Gefühle, Gedanken und Wünsche. Ihr starker Lebenswille und ihre ungebrochene Lebensbejahung machen ihr Tagebuch zu einem wichtigen Dokument. Die Spielszenen sollten ohne Pathos dargestellt werden, der Text ist eindrücklich genug. Ebenso sollte nur sehr vorsichtig auf ähnliche Situationen in der Gegenwart hingewiesen werden – es ist hier ganz bewusst darauf verzichtet worden –, denn jeder Vergleich, wenn es ihn geben sollte, steht in Gefahr, das Thema zu verflachen. Das Tagebuch enthält eine eindrückliche Botschaft und wenn es gelingt, sie zur Sprache zu bringen, ist vieles zum Thema Verfolgung und Schutz von Flüchtlingen gesagt. Wo es möglich ist, sollte eine Fahrt zum Anne-Frank-Haus in Amsterdam überlegt werden. Dort sind eine Reihe von Materialien erhältlich.

Zum Anfang

VORSPIEL UND BEGRÜSSUNG

LIED

Morgenglanz der Ewigkeit (EG 450,1-4)

EINGANGSWORT

PSALMWORTE nach Psalm 139 (PK 45)

GEBET

P.: Wo bist du, mein Gott?
Das frage ich mich so manches Mal.
Ich suche dich und frage nach dir,
weil ich vieles in meinem Leben und
so vieles in der Welt nicht verstehe.
Und wenn ich auch keine Antworten finde,
so will ich doch darauf vertrauen,
dass du bei mir bist,
meine Fragen und Zweifel erträgst,
dass du mich in deinen Händen trägst.

LESUNG

Matthäus 5,3-12

LIED

O Herr, mach mich zu einem Werkzeug (ML, B 11)

Zum Hineinkommen

SPRECHTEXT

Das Anne-Frank-Haus in Amsterdam (**M 1**)

Zwei Konfirmand/inn/en berichten von der Fahrt nach Amsterdam und der Besichtigung des Anne-Fank-Hauses.

Der Besuch des Anne-Frank-Hauses ist zwar lohnend, aber nicht für jede Konfirmandengruppe so ohne weiteres realisierbar. Aber auch mittels verschiedener Medien lässt sich ein Einblick in das Leben des Hinterhauses gewinnen. Diese Sprechszene soll eine Anregung für die Einführung in die folgende Spielszene sein.

SPIELSZENE

Das Tagebuch der Anne Frank (**M 2**)

Die Jugendlichen spielen einige Szenen aus dem Tagebuch der Anne Frank nach. Es werden nur wenige Requisiten benötigt: ein Tisch mit einem Stuhl, ein Tagebuch. Eine Radiostimme wird eingeblendet. Die Kleidung der Spieler/innen ist schlicht und orientiert sich an den dokumentarischen Aufnahmen der Personen aus dem Hinterhaus. Daneben werden Dias von Anne Frank, aus dem Anne-Frank-Haus und von verfolgten Juden gezeigt.

Es ist kein Spiel, in die Rolle der Personen aus dem Hinterhaus zu schlüpfen. Bei aller Nähe muss auch Distanz bleiben. Es ist viel mehr der Versuch, sich einigen Szenen aus dem Leben der Anne Frank zu nähern. Die Szenen sind ausgewählt worden, dass sie einen leichten Einblick in das Leben, in die Konflikte wie auch die Hoffnungen der Untergetauchten geben.

LIED

Fürchte dich nicht (ML, B 126)

Zum Weiterdenken

Pastor/in nimmt die Spielszene auf und stellt die Aussage Anne Franks „… weil ich noch immer an das Gute im Menschen glaube“ in den Mittelpunkt der Predigt.

Bewegend sind der Optimismus und die unerschütterliche Lebensbejahung der Anne Frank, die sich bis zuletzt durchgehalten hat. So führt die Beschäftigung mit dem Tagebuch und dem Leben dieses Mädchens gerade nicht zum Pessimismus, sondern macht uns vielmehr bewusst, was für ein wunderbares Geschenk das Leben ist und welche Möglichkeiten wir haben, es zu gestalten.

> Es ging mir nicht anders als euch, die steile Treppe nach oben, das Bücherregal, dahinter verbarg sich die Welt der Anne Frank, ihre und die der anderen Untergetauchten. Und wir hatten auch Glück gehabt, wir waren fast die Einzigen in dem Gebäude. Aber uns alle überkam ein merkwürdiges Gefühl, die Leere in diesen Räumen, machte uns noch einmal mehr nachdenklich. Dort die Striche an der Wand, so hat der Vater das Heranwachsen seiner Kinder festgehalten, das von Margot und das von Anne. Und irgendwann der letzte Strich, denn älter sind sie nicht geworden.
>
> In ihrem Zimmer kleben noch die Bilder an der Wand, so wie sie Anne Frank damals befestigt hat. Im Tagebuch schreibt sie auch darüber. Und alles andere, die Nationalsozialisten haben nicht nur die Menschen verschleppt, auch die Möbel sind verschwunden. So bleiben diese leeren Wände als die letzten stummen Zeugen. Stumm, nein, ganz und gar nicht, sie müssen nur zum Sprechen gebracht werden.
>
> Und das habt Ihr gerade getan. Sie war so alt wie ihr, genauso fröhlich und manchmal auch ein wenig verrückt, sie stritt sich mit ihrer Schwester, und war auch manchmal sauer auf ihre Eltern, sie träumte vom Leben und hatte viele Wünsche und Hoffnungen. Und es hätte gewiss niemand von ihr Notiz genommen, wenn sie nicht jenes Tagebuch geschrieben hätte, das wie kaum ein anderes Buch verbreitet worden wäre.
>
> Wird vielleicht nicht doch zu viel Aufhebens gemacht über dieses Buch und dieses Mädchen? Manchmal frage ich mich das tatsächlich. Und dann beginne ich in dem Tagebuch herumzublättern und bin erstaunt, wie scharfsinnig und genau sie die Umwelt beobachtet, wie sehr sie sich selbst beobachtet und wie kritisch sie auch sich selbst sieht. Wir können einen Blick in ihr Innerstes werfen, und wenn auch Millionen ihr Tagebuch gelesen haben, wir fühlen uns ihr doch sehr vertraut, so nah wie keiner zuvor. Wir erleben ihre Entwicklung mit, ihr Blick schärft sich und damit sehen auch wir genauer, die Empfindungen gehen tiefer und sie berühren uns immer mehr. Und sie tun uns auch weh, denn wir wissen um das Ende. Und ihre Hoffnungen, von denen sie doch glaubte, das sie in Erfüllung gehen, das sich ihr Leben noch einmal neu auftun würde, sie durch das Bücherregal ins Freie gehen würde, sie werden zerstört. Bleich wird sie sein, wenn sie und die anderen das Hinterhaus verlassen, wir haben es gerade gesehen, es geht nach Westerbork, nach Auschwitz, nach Bergen-Belsen. Und immer wieder wird sie dem Tod begegnen, tausendfach und zuletzt ihm auch nicht entrinnen können.
>
> So bleibt ihr Tagebuch, so bleibt die Eintragung, die wir zuletzt gehört haben: „Es ist ein Wunder, dass ich all meine Hoffnungen noch nicht aufgegeben habe, denn sie erscheinen absurd und unerfüllbar. Doch ich halte daran fest, trotz allem, weil ich noch stets an das Gute im Menschen glaube. Es ist mir nun einmal nicht möglich, alles auf der Basis von Tod, Elend und Verwirrung aufzubauen … ich höre den anrollenden Donner, der auch uns töten wird …, und doch, wenn ich nach dem Himmel sehe, denke ich, dass alles sich wieder zum Guten wenden wird."
>
> Sie hat den Glauben nicht aufgegeben, den Glauben an das Gute im Menschen. Ihre Spur lässt sich bis nach Bergen-Belsen, bis zu ihrem Tod verfolgen.

Und wer die Gesprächsprotokolle der Zeugen liest, wird beeindruckt feststellen, dass sie ihren Lebensmut, ihre Glaubenszuversicht dennoch nicht verloren, sondern sie bis zu ihrem Tod bewahrt hat. Das macht ihr Tagebuch so bedeutsam und auch so wichtig für uns, dass sie, die gewiss Grund gehabt hätte, zu verzweifeln, verbittert zu werden und zu verhärten, dass gerade sie, die Verfolgte, uns ein Zeugnis der Menschlichkeit, der Hoffnung und des Glaubens hinterlässt.

Es war eure Idee gewesen, das Tagebuch der Anne Frank in den Mittelpunkt dieses Gottesdienstes zu stellen. Es ist eine Annäherung an ihr Leben. Und sollten wir einmal zweifeln an den Menschen, an der Welt und auch an uns, so sollten wir vielleicht wie sie zum Himmel schauen. Und ihr war aus dem engen Fenster nur ein kleiner Ausschnitt beschieden, und der sagte ihr genug: dass dort jemand über uns wacht, dass ihm nichts entgeht und selbst das kleinste Leben unendlich wertvoll ist.

… ich halte daran fest, trotz allem, weil ich noch stets an das Gute im Menschen glaube. Das können wir von ihr lernen, nicht nur Ihr – alle. Das sollten wir, wenn wir es einmal vergessen, nachlesen, es uns sagen – immer wieder. Dieser Mut zum Leben, dieses uneingeschränkte Ja zum Leben, das sollten auch wir uns bewahren, das wünsche ich euch, aber auch uns. Amen.

LIED

Das Zeichen (ML, B 127)

Zum Abschluss

FÜRBITTENGEBET UND VATERUNSER

HINFÜHRUNG ZUM SEGEN

P. Niemals verloren, sondern stets geborgen;
niemals vergessen, sondern für immer bewahrt,
niemals allein, sondern stets beschützt.
Segnend legt Gott seine Hand auf uns.

SEGEN UND NACHSPIEL

Das Anne-Frank-Haus in Amsterdam

M1

K(onfirmand/inn/en) 1 und 2 kommentieren die Fahrt nach Amsterdam

Dia 1: Bushaltestelle in Amsterdam

K. 1: Das sind wir, wir in Amsterdam.
K. 2: Und es war herrliches Wetter, obwohl es November war.
K. 1 : Wir haben uns sehr auf diesen Tag gefreut.
K. 2: Ein Tag in Amsterdam.

Dia 2: Die Gruppe unterwegs in Amsterdam

K. 1: Da gibt es viel zu sehen. Jede Menge alter Kirchen, Museen und Galerien, ein Wachsfigurenkabinett, McDonalds.

Dia 3: Grachtenfahrt

K. 2: Die Grachtenfahrt nicht zu vergessen.
K. 1: Aber wir hatten ein besonderes Ziel.
K. 2: Die Prinzengracht.

Dia 4: Grachten

K. 1: Irgendwo muss sie doch sein. Und noch eine Biegung und noch eine Brücke, Stopp. Da ist es: unser Ziel!

Dia 5: Die Gruppe vor dem Anne-Frank-Haus

K. 2: Prinzengracht 263: das Anne-Frank-Haus.
K. 1: In Kirchlichen Unterricht haben wir uns mit dem Leben und dem Tagebuch der Anne Frank beschäftigt. Und nun waren wir dort, wo sie gelebt hat.
K. 2: Wir wollten nicht nur die Kulisse sehen. Wir haben versucht, auch hinter die Fassade zu schauen.
K. 1: Wir wollten mehr von Anne Frank hören, wollten auf ihre Stimme hören.

Das Tagebuch der Anne Frank **M2**

Anne Frank (A.), Vater (V.), Mutter (M.), Margot (Mg.) Herr van Daan (H.D.), Frau van Daan (F.D.), Peter (P.), Herr Dussel (D.), Miep (Mp.), Biep (B.), Herr Kraler (Kr.), Herr Koophuis (Ko.), Radiostimme (R.)

Dia 6: Das Anne-Frank-Haus von Innen

Vor dem Altar steht ein Tisch mit einem Stuhl. „Anne Frank“ kommt vor der Kulisse hervor und schaut sich um. Auf dem Tisch liegt das Tagebuch. Sie geht an den Tisch und nimmt das Tagebuch in die Hand. Lächelnd blättert sie darin herum. Dabei sagt sie:

A.: Wie lange wir schon hier sind? Es kommt mir wie eine Ewigkeit vor. Sie setzt sich an den Tisch und schlägt die erste Seite auf und liest laut: Sonntag, 14. Juni 1942. Ich werde, hoffe ich, dir alles anvertrauen können, wie ich es noch bei niemandem gekonnt habe, und ich hoffe, du wirst mir eine große Stütze sein. Ich werde mit dem Augenblick beginnen, als ich dich bekommen habe, das heißt, als ich dich auf meinem Geburtstagstisch liegen gesehen habe, denn das Kaufen, bei dem ich auch dabei gewesen bin, zählt nicht.

Am Freitag, dem 12. Juni, war ich schon um sechs Uhr wach, und das ist sehr begreiflich, da ich Geburtstag hatte. Aber um sechs Uhr durfte ich noch nicht aufstehen, also musste ich meine Neugier noch bis Viertel vor sieben bezwingen. Dann ging es nicht länger. Ich lief ins Esszimmer, wo ich von Moortje, unserer Katze, mit Purzelbäumen begrüßt wurde

Kurz nach sieben ging ich zu Papa und Mama und dann ins Wohnzimmer um meine Geschenke auszupacken. An erster Stelle warst du es, die ich zu sehen bekam und was wahrscheinlich eines von meinen schönsten Geschenken ist. Dann ein Strauß Rosen, eine Topfpflanze und zwei Pfingstrosen ...

Es ist für jemanden wie mich ein eigenartiges Gefühl, Tagebuch zu schreiben. Nicht nur, dass ich noch nie geschrieben habe, sondern ich denke auch, dass sich später keiner, weder ich noch ein anderer, für die Herzensergüsse eines dreizehnjährigen Schulmädchens interessieren wird. Aber darauf kommt es eigentlich nicht an, ich habe Lust zu schreiben und will mir vor allem alles Mögliche gründlich von der Seele reden. Und will ich nicht einfach Tatsachen in mein Tagebuch schreiben wie alle andern, sondern ich will dieses Tagebuch die Freundin selbst sein lassen, und diese Freundin heißt *Kitty.*

Anne legt das Tagebuch einen Moment zur Seite und sagt nachdenklich vor sich her:

Mein Leben kommt mir selbst fremd vor, all die Jahre vorher, sie scheinen mir so fern, so fremd. „Meine Geschichte", wo habe ich das noch einmal aufgeschrieben?

Anne blättert und findet dann die richtige Stelle. Sie liest laut vor:

Dia 7: Anne Frank als Kind

Meine Geschichte! ... Weil niemand das, was ich Kitty erzähle, verstehen würde, wenn ich so mit der Tür ins Haus falle, muss ich – wenn auch ungern – kurz meine Lebensgeschichte wiedergeben:
Mein Vater, der liebste Schatz von einem Vater, den ich je getroffen habe, heiratete erst mit 36 Jahren meine Mutter, die damals 25 war. Meine Schwester Margot wurde 1926 in Frankfurt am Main geboren, in Deutschland. Am 12. Juni 1929 folgte ich. Bis zu meinem vierten Lebensjahr wohnte ich in Frankfurt. Da wir Juden sind, ging dann mein Vater 1933 in die Niederlande. Er wurde Direktor der Niederländischen Opekta Gesellschaft zur Marmeladeherstellung. Wir folgten dann bald. Ich ging dort in den Kindergarten der Montessorischule. Dort blieb ich bis sechs. Dann kam ich in die erste Klasse. In der 6. Klasse kam ich zu Frau Kuperus, der Direktorin.

Anne Frank Tagebuch, einzig autorisierte und ergänzte Fassung von Otto H. Frank und Mirjam Pressler, © 1991 by ANNE FRANK-Fonds, Basel. Alle Rechte vorbehalten S. Fischer Verlag GmbH, Frankfurt/M. S. 20.

Dia 8: Anne Frank als Mädchen

Am Ende des Schuljahres nahmen wir einen herzergreifenden Abschied voneinander und weinten beide, denn ich wurde am Jüdischen Lyzeum angenommen, in das Margot auch ging.
Ab 1940 ging es bergab mit den guten Zeiten: erst der Krieg, dann die Kapitulation, der Einmarsch der Deutschen, und das Elend für uns Juden begann. Judengesetz folgte auf Judengesetz, und unsere Freiheit wurde sehr beschränkt.

Anne Frank Tagebuch, a.a.O.

Dia 9: Menschen mit Judenstern

Juden müssen einen Judenstern tragen; Juden müssen ihre Fahrräder abgeben; Juden dürfen nicht mit der Straßenbahn fahren; Juden dürfen nicht mit einem Auto fahren, auch nicht mit einem privaten; Juden dürfen nur von 3–5 Uhr einkaufen; Juden dürfen nur zu einem jüdischen Friseur; Juden dürfen zwischen 8 Uhr abends und 6 Uhr morgens nicht auf die Straße; Juden dürfen sich nicht in Theatern, Kinos und an anderen dem Vergnügen dienenden Platzen aufhalten; Juden dürfen nicht ins Schwimmbad, ebenso wenig auf Tennis-, Hockey- oder andere Sportplatze; Juden dürfen nicht rudern; Juden dürfen in der Öffentlichkeit keinerlei Sport treiben; Juden dürfen nach acht Uhr abends weder in ihrem eigenen Garten noch bei Bekannten sitzen; Juden dürfen nicht zu Christen ins Haus kommen; Juden müssen auf jüdische Schulen gehen und dergleichen mehr. So ging unser Leben weiter und wir durften dies nicht und das nicht. Jacque, ein Freund, sagt immer zu mir: „Ich traue mich nichts mehr zu machen. ich habe Angst, dass es nicht erlaubt ist."

Anne Frank Tagebuch, a.a.O., S. 21.

Im Juli 1942 haben wir unser Versteck bezogen, hier im Hinterhaus. Vater meinte, hier wären wir sicher. Ein drehbares Bücherregal hat den Zugang zu unserer Treppe verschlossen. Und dahinter lebten wir, Vater, Mutter, meine Schwester Margot und ich. Im zweiten Stock waren noch ein paar Räume, da lebte die Familie van Daan. Herr und Frau van Daan und ihr Sohn Peter. Vaters Angestellten haben uns so geholfen: Herr Koophuis, Herr Kraler, Biep und Miep, vor allem Miep! Ach, wenn wir Miep nicht gehabt hätten! Ich werde nie vergessen, wie wir angekommen sind. Es regnete.

Anne blättert im Tagebuch und sagt dann:

Donnerstag, 9. Juli 1942
Liebe Kitty!
So gingen wir dann im strömenden Regen, Vater, Mutter und ich, jeder mit einer Schul- und Einkaufstasche, bis obenhin voll gestopft mit den unterschiedlichsten Sachen. Die Arbeiter, die früh zu ihrer Arbeit gingen, schauten uns mitleidig nach. In ihren Gesichtern war deutlich das Bedauern zu lesen, dass sie uns keinerlei Fahrzeug anbieten konnten. Der auffallende gelbe Stern sprach für sich selbst.

Erst als wir auf der Straße waren, erzählten Vater und Mutter mir stückchenweise den ganzen Versteckplan. Schon Monate lang hatten wir so viel Hausrat und Leibwäsche wie möglich aus dem Haus geschafft, und nun waren wir gerade so weit, dass wir am 16. Juli freiwillig untertauchen wollten. Aber wir mussten unseren Einzug um zehn Tage vorverlegen, so dass wir uns mit weniger gut geordneten Räumen zufrieden geben mussten.

Anne Frank Tagebuch, a.a.O., S. 34.

Dia 10: Im Hinterhaus

Die Untergetauchten. Herr Kraler und Herr Koophuis kommen dazu. Sie halten einige Sachen in der Hand

Kr.: So, da wären sie!

V.: Danke, vielen Dank. Meine Herren, Sie wissen, was Sie riskieren.

Kr.: Herr Frank, wir wissen, worauf wir uns einlassen.

Ko.: Ich hoffe, dass Sie alles haben. Wenn noch etwas fehlt, sagen Sie's bitte.

V.: Das Bücherregal, das fehlt noch.

Ko.: Ich werde dafür sorgen. Seien Sie unberuhigt.

Biep kommt mit einer Tasche

B.: Frisches Gemüse.

V.: Haben sie keine Sorge, dass es auffällt.

B.: Auf den Gemüsemann unten an der Straße ist Verlass. Er macht nicht viel Worte. Aber ich weiß, dass er auch anderen etwas heimlich zusteckt. Er wird nichts sagen. bestimmt nicht.

Anne sitzt am Tisch und schreibt in ihr Tagebuch. Frau und Herr Frank sitzen mit Margot an einem anderen Tisch. Die Westerkerk fängt an zu läuten

A.: Ich mag das Geräusch der Westerkerk. Es klingt für mich so vertraut. Aber die anderen sagen …

M: Ich mag dieses nervende Geräusch nicht.

V.: Ich auch nicht. Es ist für mich noch sehr ungewohnt.

M.: Ist ja nur vorübergehend. Wir werden uns schon dran gewöhnen.

A.: Ich freue mich schon darauf, dass die van Daans kommen. Damit es nicht mehr so langweilig ist.

Es klopft. Die van Daans kommen. Sie begrüßen sich freundlich.

M.: Guten Tag Frau van Daan.

F.D.: mit arroganter Stimme Guten Tag Frau Frank.

Frau van Daan schaut sich unzufrieden um

F.D.: Die Küche ist aber klein. Hier sollen wir alle leben. Und wo sollen wir schlafen? Peter braucht aber ein eigenes Zimmer. Er ist doch so empfindlich.

A.: Kaum da und schon meckert sie 'rum!

M.: Wir haben nun mal nicht mehr Platz. Seien Sie doch froh, dass Sie hier untergekommen sind.

A.: Mann, ist die aber arrogant.

F.D.: Wenn Anne meine Tochter wäre, …

A.: Immer dieselbe Leier. Ich weiß nicht, ob ich das aushalten werde.

Frau van Daan nähert sich, guckt neugierig herüber und nähert sich dann, ihr Blick ist auf das Tagebuch geheftet

F.D.: Na, Anne, darf ich nicht mal schauen?

A.: Nein, Frau van Daan.

F.D.: Nur die letzte Seite?

A.: Nein, auch die nicht, Frau van Daan.

Anne geht nach vorn und sagt zur Gemeinde:

A.: Manchmal war es schon sehr anstrengend mit den van Daans. Aber mit Peter habe ich mich angefreundet. Sein Geburtstag war ein besonderer Tag.

Peter steht allein an der Seite, Anne geht auf ihn zu

A.: Herzlichen Glückwunsch zum Geburtstag, Peter.

P.: Danke. Anne. Sieh mal, was ich alles bekommen habe: ein Börsenspiel, ein Rasierapparat und ein Feuerzeug; aber das Feuerzeug ist nur für die Eleganz. Nicht, dass du denkst, dass ich so viel rauche.

A.: Nein, nein. Ich finde das Feuerzeug auch gut.

Herr van Daan kommt dazu

H.D: Hört mal alle zu, die Engländer sind in Tunis Casablanca, Algier und Oran gelandet.

V.: Das ist der Anfang vom Ende!

A.: Später kam noch jemand dazu.

Die sieben Untertaucher sitzen am Tisch, Dussel kommt!

V.: Guten Tag. Setzen Sie sich doch. Herr Dussel!

D.: setzt sich hin Aber…nein… aber sind sie denn nicht in Belgien? Ist der Offizier nicht gekommen? Das Auto? Die Flucht… ist sie nicht geglückt?

M.: Das war doch nur zur Täuschung, denn wir wollten die Deutschen auf eine falsche Spur bringen.

Mg.: fröhlich: Und das ist uns ja auch gelungen.

D.: In der Zwischenzeit ist in der Außenwelt viel passiert. „Abend für Abend fahren die grünen oder grauen Militärfahrzeuge umher und an jeder Tür wird geklingelt und gefragt, ob da auch Juden wohnen. Wenn ja, muss die ganze Familie sofort mit, wenn nicht, gehen sie weiter. Niemand kann seinem Schicksal entkommen, wenn er sich nicht versteckt. Sie gehen oft auch mit Listen herum und klingeln nur dort, wo sie wissen, dass sie eine reiche Beute finden. Kopfgeld wird oft bezahlt, pro Kopf so und so viel." (Anne Frank, Tagebuch S. 82)

Klopfgeräusche, Anne schreckt auf, Vater kommt und legt die Finger vor den Mund, beide schauen sich an, dann hören sie eine Stimme:

Ko.: Macht doch mal auf, ich bin es.

V.: Was waren das für Geräusche?

Ko.: Zimmermann, war das. Er musste die Feuerlöscher auffüllen.

A.: Ich wäre fast ohnmächtig vor Angst geworden. Ich dachte immer: Gleich kommt er und findet uns und dann ...
V.: Es ist noch einmal gut gegangen.

Vater geht wieder fort, Anne bleibt allein stehen

A.: Auch das Leben im Hinterhaus wurde immer schwieriger. Aber unsere Helfer haben immer wieder versucht, uns aufzumuntern.

Miep steht vorn mit einem Korb in der Hand

Mp.: Kommt bitte mal alle mit nach unten zum Durchgangszimmer.

Alle kommen nach vorn

V.: Und jetzt schaut mal alle hierher!
A.: Oh, wie schön! Wer hat denn diesen schönen Korb fertig gemacht?
M.: Lasst uns den Korb mit nach oben nehmen und ihn dort genauer betrachten.
A.: Oh wie schön: eine Puppe aus Brotteig für mich. Und Buchstützen für Vati – schau mal, Vater.

Anne sitzt wieder am Schreibtisch in ihrem Zimmer, Edith Frank betritt das Zimmer

M.: Anne, sollen wir nicht mal zusammen beten?
A.: Nein, Mutter.
M.: *steht auf und geht langsam zur Tür* Ich will nicht böse auf dich sein. Liebe lässt sich nicht erzwingen.

Mutter verlässt das Zimmer

A.: Hätte ich doch bloß nicht so etwas gesagt. Mir tut es jetzt schon wieder Leid, dass ich sie von mir gestoßen habe. Aber was hätte ich denn sonst sagen sollen? Ich konnte einfach nicht mit ihr beten, es ging einfach nicht!
schreibt und liest aus dem Tagebuch vor: „Ich hatte Mitleid mit ihr, sehr viel Mitleid. Zum ersten Mal in meinem Leben habe ich gemerkt, dass meine kühle Haltung sie nicht gleichgültig lässt. Ich habe den Kummer auf ihrem Gesicht gesehen, als sie sagte, dass Liebe sich nicht zwingen lässt." (Anne Frank, Tagebuch, S. 106)

Alle kommen zu ihr, Vater tritt vor und gratuliert

A.: Ooh, Pim. Danke!

M.: *zeigt auf den Tisch* Dort wartet eine Überraschung auf dich.

Mutter nimmt das Tuch von den Geschenken

A.: Ooh ….

Klopfzeichen

H.D: Es ist Miep!

Biep, Miep und Kraler treten ein und sagen gleichzeitig:
Herzlichen Glückwunsch!

A.: Vielen, vielen Dank.

V.: Wie sieht es draußen aus? Sind die Russen schon weiter vorgedrungen?

Kr: Nein, leider nicht.

B.: Peter, mach mal das Radio an, dann können wir hören, was über Nacht passiert ist.

R.: Wie Minister Bolkenstein gerade mitteilte, soll am Kriegsende eine Sammlung der zur Zeit geschriebenen Briefe und Tagebücher stattfinden. Sie sollen veröffentlicht werden, damit auch die Nachwelt von den finsteren Machenschaften Hitlers erfährt. Natürlich werden keine Namen genannt. Weiteres wird noch bekannt gegeben.

Boing!

F.D.: Na, Anne, würdest du denn dein Tagebuch veröffentlichen?

A.: Na klar! Das wär' doch eine tolle Idee! Dann wissen die Menschen später, was wir leiden mussten.

V.: Nun fang bloß nicht mit der Mitleidsmasche an. Schließlich hast du es viel besser als viele andere Juden.

A.: Schon gut! Na, vielleicht gebe ich es auch als Roman vom Hinterhaus raus.

Mp.: Na, da bleibt dir ja noch Zeit, wie es draußen aussieht.

Die Untergetauchten sitzen zusammen beim Kaffeetrinken

H.D.: Ich hoffe, die Invasion kommt bald und dieser Krieg ist bald zu Ende. Dann würde ich mir als Erstes ein heißes Bad wünschen, bis zum Rand gefüllt und eine halbe Stunde darin bleiben.

Mg.: Das Gleiche würde ich mir auch wünschen.

F.D.: Also ich würde am Liebsten eine Torte essen.

Ds.: Ich würde als Erstes zu meiner Frau Charlotte gehen und ihr für alle Dinge danken, die sie mir geschickt hat.

M.: Ich trinke zuerst eine Tasse »richtigen« Kaffee.

V.: Nach dem Krieg würde ich zu Voskuijls gehen und ihm für alles danken, was er für uns getan hat.

P.: Ich gehe in die Stadt und ins Kino.

A.: Ich wüsste gar nicht, wo anfangen vor lauter Seligkeit. Aber am meisten sehne ich mich nach unserer eigenen Wohnung, nach freier Bewegung und endlich wieder nach Hilfe bei der Arbeit also nach der Schule.

Miep tritt auf; bei jedem Namen, den sie verliest, steht die betreffende Person still auf und geht fort

Mp: Als die Deutschen euch holten, brach alles zusammen, all die Hoffnungen. Ihr ward ganz ruhig und so blass. Ihr habt eure Sachen gepackt und seid gegangen. Stumm seid ihr an uns vorbeigegangen, ohne einmal aufzusehen, um uns nicht zu verraten. Herr van Daan: Auschwitz. Frau van Daan: Bergen-Belsen. Peter van Daan: Mauthausen. Herr Dussel: Neuengamme. Frau Frank: Auschwitz. Margot und Anne Frank: Bergen-Belsen. Herr Frank wurde am 27. Januar 1945 von den Russen in Auschwitz befreit. Für ihn habe ich das Tagebuch aufgehoben.

Vater geht zum Tisch, auf dem immer noch das Tagebuch liegt, nachdenklich blättert er darin herum und liest dann vor:

Es ist ein Wunder, dass ich nicht alle Erwartungen aufgegeben habe, denn sie scheinen absurd und unausführbar. Trotzdem halte ich an ihnen fest, trotz allem, weil ich noch immer an das innere Gute im Menschen glaube. Es ist mir nun mal unmöglich, alles auf der Basis von Tod, Elend und Verwirrung aufzubauen. Ich sehe, wie die Welt langsam immer mehr in eine Wüste verwandelt wird, ich höre den anrollenden Donner immer lauter, der auch uns töten wird, ich fühle das Leid von Millionen Menschen mit mir. Und doch, wenn ich zum Himmel schaue, denke ich, da sich alles wieder zum Guten wenden wird …

Anne Frank Tagebuch, a.a.O., S. 309f.

III
Lateinamerika-Gottesdienste
Verantwortung für die Welt

Die Lateinamerika-Gottesdienste sind *Modelle der Solidarität* in der *Einen Welt.* Sie wollen Brücken bauen zu Menschen, die unter ungerechten politischen und wirtschaftlichen Systemen leiden, deren Not und Leid nicht ungehört verhallen darf und deren Engagement und Hoffnung auf jene zukünftige Welt hinweist, die uns verheißen ist. Die Terre-des-Hommes-Gruppe in der Kirchengemeinde Rahden setzt sich mit Aktionen und Sammlungen für die Straßenkinder in Cochabamba/Bolivien ein. Ebenso plant und gestaltet sie in unregelmäßigen Abständen Gottesdienste, die lateinamerikanische Themen zum Inhalt haben. Drei Beispiele sind in diesem Buch vorgestellt. Auf die Authentizität der Texte im Gottesdienst wurde jeweils besonderer Wert gelegt, sowohl die liturgischen wie auch die informativen Teile stammen aus Lateinamerika. Dies gilt im Wesentlichen auch für das Liedgut.

Die Lateinamerikagottesdienste nehmen Impulse des *Politischen Nachtgebetes* wie des *Kirchentages* auf, sie enthalten die Momente *Information, Meditation* und *Aktion,* wobei sich die Gruppe bei allen Elementen darüber im Klaren war, dass sie nur einen Ausschnitt beleuchten kann und dass ihr Handeln allenfalls bruchstück- und zeichenhaft sein kann. Dennoch sind Formen dieses Gottesdienstes in einer Gesellschaft, die immer stärker auf sich schaut, immer wichtiger und notwendiger. Der Anspruch des christlichen Glaubens ist weltumspannend, er kann dem aber nur gerecht werden, wenn er sich in der Solidarität mit allen Menschen sieht, wenn er sich mit ihnen für eine bessere Welt engagiert und mit ihnen auf eine bessere Zukunft hofft. Die Gebete der Christen in Süd- und Mittelamerika geben ihrem Leid, ihrer Not und ihren Ängsten die Worte der Klage und auch der Anklage, zugleich findet ihr Glaube Worte der Hoffnung und der Zuversicht. Ihre Texte vermögen so Grenzen zu überschreiten, Grenzen zwischen Kontinenten und Grenzen zwischen den Zeiten.

Aktuelle Informationen über Situation und Projekte in Lateinamerika geben die großen kirchlichen Hilfswerke „Brot für die Welt" und „Misereor", aber auch die Geschäftsstelle von „Terre des Hommes" Deutschland e.V., Hilfe für Kinder in Not, 49031 Osnabrück, Ruppenkampstraße 11a, www.tdh.de.

Bei den Mineros von Potosi

Symbol
Der Cerro Rico von Potosi

Leitgedanke
Die Not der Minenarbeiter –
die Vision einer gerechten Welt

Biblischer Bezug
Psalm 94

Personen
Pastor/in, Lektor/in, 13 Sprecher/innen

Materialien
- Spanplatte, Blech
- Schubkarre mit „Gesteinsbrocken“
- „Grubenlampe“ mit Kerze
- Flasche mit „Zuckerwasser“
- „grobe“ Kleidung

Vorbereitung
Aus einer großen Spanplatte werden die Umrisse eines Berges angefertigt; der Eingang, der in den Berg führt, ist von starken Bohlen gerahmt, sodass der Eindruck entsteht, es handle sich um einen Stollenzugang. Aus Blech wird eine primitive Grubenlampe gebogen, in die eine Kerze erstellt wird. In einer Schubkarre liegen einige Gesteinsbrocken. Eine Flasche mit Zuckerwasser steht bereit. Die Kleidung der Spieler/innen ist aus grobem Stoff und reichlich abgenutzt.

Die Sprecher/innen erhalten Kopien von **M 1-5**, markieren, sprechen ihre Texte, proben ihre Rollen. Die Gottesdienstbesucher/innen werden bei der Einladung zu diesem Gottesdienst gebeten, eine Konservendose mitzubringen.

Literatur/Hinweise
- Eduardo Galeano: Die offenen Adern Lateinamerikas. Die Geschichte eines Kontinents von der Entdeckung bis zur Gegenwart, Wuppertal [7]1991.
- Ernesto Cardenal: Das Buch der Liebe. Lateinamerikanische Psalmen, Gütersloh [10]1981.

- Reinhardt Jung: Kleine Hände – Kleine Fäuste. Der Kampf der Kinder in Lateinamerika, Reinbek bei Hamburg 1986.
- Reinhardt Jung: Stimmen aus dem Berg. Reportage zum Thema Kinderarbeit und Arbeiterkinder, Osnabrück 1982.
- Uwe Pollmann: Kinderarbeit (Zum Beispiel), Göttingen ²1995.
- Moema Viezzer: „Wenn man mir erlaubt zu sprechen …". Das Zeugnis der Domitila, einer Frau aus den Minen Boliviens, Göttingen ⁴1990.

Eine einfache Konservendose, ein Alltagsgegenstand. Sie könnte Geschichten erzählen und ihr Bericht würde uns vielleicht über den Atlantik bringen in weit entlegene Regionen Südamerikas. Sie würde von den Menschen in den Bergwerken berichten, die unter Tage und unter ganz primitiven Bedingungen Erz abbauen. Und womöglich würde sie auch von Kindern erzählen, die unter Tage arbeiten.

Mit der Konservendose haben wir die Gegenwart in der Hand, aber auch die Zukunft. Christlicher Glaube lebt von der Vision einer gerechten Welt. Sie wird uns für die letzte Zeit in Aussicht gestellt, aber sie ist auch unser Auftrag für diese Zeit. Im gemeinsamen Beten und Handeln können Zeichen der Solidarität mit dieser Welt gesetzt werden. Dieser Gottesdienst will ein Zeichen sein.

Zum Anfang

VORSPIEL UND BEGRÜSSUNG

LIED

Vem, Jesus nossa esperança/Jesus, komm, sei unsre Hoffnung (TM 49)

GEBET

P.: Unter dem Kreuz haben wir uns versammelt,
verbunden mit den Menschen auf der ganzen Erde
in Glaube, Liebe und Hoffnung.

G.: Amen.

P.: Unsere Hilfe steht im Namen des Herrn,

G.: der Himmel und Erde gemacht hat.

LESUNG

Psalm 72,1-4

Text

Klage (**M 1**)

Die Klage spiegelt das Leid und die Verzweiflung der Menschen in Lateinamerika wider. Ihre Klage wird zur Anklage, ihre Hoffnung setzen sie auf Gott, er möge Gerechtigkeit schaffen.

Lied

A ti, Señor, te pedimos / Wir bitten dich, Gott (TM 29)

Gebet

P.: Gott, schicke uns engagierte Menschen,
solche, die sich voll und ganz einsetzen,
die sich selbst vergessen,
die lieben, nicht nur mit schönen Worten,
sondern in Wahrheit und mit Taten,
die ihr Leben hingeben,
wahrhaftig und restlos.
Schenke uns engagierte Menschen,
in die Wahrheit verliebt,
die den Frieden lieben,
mit reinem Gewissen,
entschlossen, nie untreu zu sein,
freie, spontane und standhafte Menschen,
zärtlich und stark.
Darum bitten wird dich
im Namen Jesu Christi, deines Sohnes
und unseres Bruders. Amen.

Gebet aus Guatemala

Aus: A. Reiser / P. G. Schoenborn (Hg.), Sehnsucht nach dem Fest der freien Menschen, Peter Hammer Verlag Wuppertal, 1982, S. 147.

Lied

Anunciaremos tu reino, Señor / Lass uns den Weg (TM 245)

Lesung

Amos 8,4-8

Text

Glaubensbekenntnis (**M 2**)

Die Erfahrung von Ungerechtigkeit, von Unterdrückung und Leid bestimmt das Leben und den Glauben vieler Menschen in Lateinamerika. Ihr Bekenntnis ist das Bekenntnis zu dem Gott, der mit ihnen solidarisch ist.

Lied

Sin tí nada samos / Ohne dich, Gott, wer sind wir (TM 235)

Zum Hineinkommen

Spielszene

Bei den Mineros von Potosi (**M 3**)

Der zuvor angefertigte „Berg" steht im Altarbereich. Er bildet die Kulisse für die Spielszenen. Carlos, Orlando, Maria und Filipe sind Minenarbeiter. Sie erzählen von ihrer Arbeit unter Tage und von der Situation der Minenarbeiter. Die Erwachsenen haben die Hoffnung schon aufgegeben, sie aber können sich mit ihrer Lage nicht abfinden

Lied

Tu não naceste amigo para estar triste / Du bist nicht für ein Jammerleben geboren (TM 241,1-3)

Aktion

Blechdosen-Berg (**M 4**)

Symbolisch werden die Blechdosen, die Gottesdienstbesucherinnen mitgebracht haben, von den Sprecherinnen eingesammelt und vor dem Berg von Potosi aufgetürmt. Dadurch wird der Zusammenhang unseres eigenen Lebens mit der Situation der Minenarbeiter augenfällig. Was in Lateinamerika geschieht, geht auch uns etwas an. Unser Handeln und unser Konsum bestimmt die Lage der Menschen dort.

Spielszene

MANTHOC – Kinder greifen zur Selbsthilfe (**M 5**)

Erstaunlich und beachtlich ist das Engagement von Kinder und Jugendlichen in Lateinamerika. In Projekten machen sie auf ihre Situation aufmerksam und versuchen sie zu verändern. Ein herausragendes Beispiel ist das Manthoc-Projekt in Peru. In dieser Spielszene kommen drei Jugendliche aus der Manthoc-Bewegung zu den Mineros, es kommt zu einem fiktiven Gespräch, das Möglichkeiten für den Jugendlichen in Potosi aufzeigt.
Manthoc hat auch eine Seite im WWW:; http://www.manthoc.50megs.com/ (Spanisch). Über terre des hommes-Deutschland kann man sich weiter informieren.

LIED

Tu não naceste amigo para estar triste /
Du bist nicht für ein Jammerleben geboren (TM 241,1-3)

Zum Weiterdenken

Eines der bewegendsten Zeugnisse Boliviens ist der Bericht der Domitila Barrios de Chungara. Sie erzählt von dem Leid der Minerofrauen, aber auch von ihrem Stolz. Ihre Stimme gibt der Klage ihre Worte, aber auch dem Willen nach Veränderung. Die Predigt nimmt ihre Stimme auf und gemeinsam mit dem Psalm 94 in der Übersetzung von Ernesto Cardenal wird sie zum Dokument einer unbeugsamen Hoffnung.

„Wenn man mir erlaubt zu sprechen ...", und ihre Stimme ist nicht zaghaft und unsicher, sondern selbstbewusst und eindeutig. Es ist die Stimme einer einfachen Frau, einer bolivianischen Minenarbeiterfrau. Man hat versucht, sie zum Schweigen zu bringen, diese mutige Stimme. Man hat die Frau eingesperrt, hat sie deportiert, hat ihr die Medikamente entzogen und sie hungern lassen, hat sie gefoltert, hat sie die Schreie ihrer gequälten Kinder hören lassen, hat ihr Kind im Mutterleib getötet. Doch geschwiegen hat Domitila Barrios de Chungara nicht, denn sie hat nicht nur für sich allein die Stimme erhoben. „Ich möchte keinen Augenblick, dass man die Geschichte, die ich erzählen will, nur als meine persönliche Angelegenheit versteht. Denn ich glaube, dass mein Leben mit dem meines Volkes verbunden ist. Was mir geschehen ist, könnte Hunderten von Menschen in meinem Land geschehen sein." (M. Viezzer: Wenn man mir erlaubt zu sprechen ..., S.19)

Und auch für sie, die vielen Gestorbenen, spricht sie. Und auch für jene, die noch kommen werden, die jetzt noch Kind sind, die gerade geboren werden, die noch geboren werden, auch für sie redet sie. „Ich will ein Zeugnis hinterlassen von all den Erfahrungen, die wir durch so viele Jahre des Kampfes in Bolivien gemacht haben, und mein Scherflein dazu beitragen, dass unsere Erfahrungen auf irgendeine Weise für die neue Generation, für den neuen Menschen, nützlich werden." (S.19) Und sie spricht nicht zuletzt für uns. 1975 war das Jahr der Frau, die Vereinten Nationen haben aus diesem Grund in Mexico ein Tribunal organisiert. Und dorthin war auch sei eingeladen als Repräsentantin des „Komitees der Hausfrauen von Sigloo XX." Zum ersten Mal war einer Minenarbeiterfrau aus den Anden die Möglichkeit gegeben, vor der internationalen Öffentlichkeit zu sprechen. „Wenn man mir erlaubt zu sprechen..." Es ist, so schreibt eine Teilnehmerin des Tribunal, der Schrei eines Volkes, das leidet.

Gott, der Rache,
der Vergeltung,
zeige dich!
Wie lange noch, Herr,
soll ihre Partei noch triumphieren?
Ihre Worte sind nichts als Propaganda,
sie reden nur Schlagworte.

Psalm 93/94, aus: Ernesto Cardenal, Psalmen, Peter Hammer Verlag Wuppertal 1968, S. 129.

Worte aus dem 94. Psalm in der Sprache Ernesto Cardenals, dem Dichter der lateinamerikanischen Psalmen. Über 3000 Jahre überbrücken diese Worte und finden sich im Munde derer wieder, die leiden und kämpfen, die rufen und klagen. Und es ist nicht der gute und versöhnende Gott, den ihre Worte beschwören, sondern den gerechten, den richtenden, den vergeltenden. Sie schreien das Unrecht heraus, sie wollen nicht Mitleid, nicht schöne, nicht vertröstende Worte, sie wollen ihr Recht. Recht für ein Land, dessen Reichtum die Menschen arm gemacht hat. 60% der Bevölkerung in Bolivien lebt vom Zinn. Das ist das, was vom einstigen Silbervorkommen übrig geblieben ist. Boliviens Silber hat Europa reich gemacht. Der Magen des Molochs ist unersättlich, er ruft nach mehr. Und das Zinn, zusammengetragen von den ausgemergelten Händen der Mineros, soll die schier unstillbare Gier befriedigen. Sie arbeiten unter Tage, sie kämpfen mit dem Gestein und der Silikose, ihr Leben ist ein Wettlauf mit der Zeit. 35 ist ihr Durchschnittsalter, dann sind ihre Lungen verfault. Jedes zweite Kind, das in dieser Region zur Welt kommt, stirbt, bevor es ein Jahr ist. Und der Lohn: ein Paar Mark am Tag, zu wenig zum Leben, zu wenig zum Sterben.

„Und indem man den Minero ausbeutet", sagt Domitila Barrios de Chungara, die Frau des Minenarbeiters, „beutet man nicht nur die Ehefrau aus, manchmal auch die Kinder. Weil es so viel Hausarbeit gibt, zum Beispiel Fleisch zu holen, Wasser zu holen, lassen wir sogar die Kleinen arbeiten. Und manchmal müssen sie in langen Schlangen stehen, sich rumstoßen und schlecht behandeln lassen. Wenn es im Revier an Fleisch mangelt, bilden sich so lange Schlangen, dass sogar Kinder tot gedrückt werden, die anstehen, um Fleisch zu kriegen. Es ist eine furchtbare Trostlosigkeit. Ich habe Kinder gekannt, die gestorben sind, ihre kleinen Rippen gebrochen, und warum?" (M. Viezzer: Wenn man mir erlaubt zu sprechen …, S.43)

> Gott, der Rache, Gott der Vergeltung,
> zeige Dich!
> Wie lange noch, Herr,
> soll ihre Partei noch triumphieren?
> Ihre Worte sind nichts als Propaganda,
> sie reden nur Schlagworte.

Sie wollen nicht Mitleid, sie wollen Gerechtigkeit. Sie wollen dasselbe Recht auf Leben, dieselbe Chancen zum Überleben. Sie hoffen auf Gott, den Gerechten, den Richtenden, den Vergeltenden.

> Herr, beschütze die ausgebeuteten
> und die unterdrückten Klassen.
> Die Atheisten sagen, es gebe dich nicht,
> „Es sind die blinden Mächte der Natur",
> behaupten sie.
> Oder „Es ist das Unterbewusstsein."
> Aber – der das Wunderwerk des Ohrs erschuf –
> sollte er nicht hören?
> Der den Photoapparat des Auges erfand –
> sollte er nicht sehen?
> All unsere Gedanken liegen in deinen Archiven,
> all unsere Worte sind auf Band aufgenommen.

Selig der Mensch, dem du Unterricht gibst
und den du Weisheit lehrst.
Ohne Beruhigungsmittel
wird er ruhig sein.

Psalm 93/94, aus: Ernesto Cardenal, a.a.O.

Das glauben auch wir, dass es kein Wort gibt und keinen Gedanken, den Gott nicht kennt, dass alle unsere Taten vor ihn kommen – die bekannten und die verborgenen. Aber haben wir uns je bewusst gemacht, was das bedeutet? Haben wir schon einmal über die Konsequenzen unseres Glaubens nachgedacht? Die Atheisten sind da besser dran. Sie haben nichts zu befürchten, sie haben nur das Nichts zu fürchten, jene dunkle Leere, in die wir fallen, taumeln und stürzen, wenn wir Gott verloren haben. Es wird keinen anderen Sinn geben als den, den wir uns selbst geben. Wir werden immer auf uns selbst zurückfallen, und alles, was wir sagen und tun werden, wird beliebig sein. Keiner wird uns richten und nach niemandem werden wir uns zu richten haben. Richtungslosigkeit wird unser Schicksal sein, verirrt und verloren.

Aber nach einem wunderbaren Plan ist unser Leben geschaffen und voller Wunder ist es. Soll das alles Zufall sein, das Werk der blinden Mächte der Natur? Und wenn wir nach einem wunderbaren Plan geschaffen sind, kann da unser Leben zufällig sein, planlos und ohne Ziel? Und wenn unser Leben einen Sinn hat, kann dann die Welt ins Leere laufen? Und wenn es ein Ziel gibt, und wenn es Sinn gibt, muss es dann nicht auch Gerechtigkeit geben? Und wenn es Gott gibt, muss es dann nicht ein gerechter Gott sein? Und wenn es Gerechtigkeit geben soll, muss es dann nicht auch Gott geben, den gerechten, den richtenden, den vergeltenden?

Wir predigen die Liebe, aber die im Dunklen erreicht sie nicht. Wir predigen die Versöhnung, aber in die Tiefen der Stollen dringt sie nicht, dort wo die Männer das Erz schlagen, wo die Kinder die Stücke sammeln, wo der Staub die Lungen verfaulen lässt.

Der Herr gibt sein Volk nicht auf,
er lässt die Ausgebeuteten nicht ohne Schutz.
Eines Tages wird die Gerechtigkeit
wieder in die Gerichtshöfe einziehen,
und die Richter werden gerecht sein.

Psalm 93/94, aus: Ernesto Cardenal, a.a.O.

„Bolivien ist das Land Lateinamerikas, das am meisten gelitten hat. Die Minenarbeiter sind die Einwohner Boliviens, die am meisten gelitten haben. Und schlimmer noch als Minenarbeiter zu sein, ist es, eine Frau in den bolivianischen Minen zu sein", schreibt Eduardo Galeano, der wie kein anderer diesen Kontinent kennt. Und die Antwort Domitilas lautet: „Ich bin stolz darauf, dass Indio-Blut in meinem Herzen fließt. Und ich bin auch stolz darauf, die Frau eines Minenarbeiters zu sein. Wie wünschte ich mir, dass alle Leute des Volkes stolz auf das wären, was sie sind, was sie haben …" (M. Viezzer: Wenn man mir erlaubt zu sprechen … S. 23)

Und sie will nichts anderes, will nichts anderes sein als die Frau eines Minenarbeiters. Sie teilt das Leiden ihres Volkes, aber auch seine Hoffnung. So wie die Kinder, die kleinen Mineros, die Zwölf- und Dreizehnjährigen und die Älteren und noch viel Jüngeren, die noch nicht aufgehört haben, zu träumen; die noch nicht aufgegeben haben, einzutreten für eine gerechtere Welt. Kinder sind unsere Zukunft, sagt man bei uns gern. Und das gilt dort erst recht. Auch wenn man ihnen die Kindheit genommen hat, ihre Träume und ihre Visionen bleiben. Man hält sie für alt genug, um zu arbeiten, und darum fühlen sie sich alt genug, ihr Schicksal selbst in die Hand zu nehmen, sich zu organisieren, miteinander zu lernen für eine bessere Zukunft.

Ihre Träume werden es schwer haben, aber sie dürfen nicht platzen. Nicht alle Kinder werden überleben – es ist schrecklich, das zu wissen –, aber ihre Träume sollen überleben. Diese Kinder arbeiten und kämpfen für sich, aber auch für ihre Kinder. Bolivien ist weit, so weit entfernt. Aber diese Kinder sind Gottes Kinder wie wir. Die Welt, in der sie leben, ist auch unsere Welt. Und der Kampf, in dem sie stehen, soll der uns ganz gleichgültig lassen? Haben wir noch Träume, die über unser Leben hinausreichen? Haben wir noch die Vision einer besseren Welt, suchen wir noch nach Zielen? Ich bin mir sicher, wenn wir die Vision einer gerechten Welt verloren haben, dann ist auch unser Glaube leer geworden. Wenn unser Herz stumpf geworden ist für das Geschick der Leidenden, der Männer und Frauen, der Kinder dieser Erde, dann pulsiert in unseren Adern kein Leben mehr. Wenn unsere Gedanken so träge geworden sind, dass unsere Augen nur noch bis zum nächsten Horizont sehen können, dann hat unser Glaube seine Flügel verloren.

Aber die Hoffnung hat große Schwingen und sie tragen uns in eine Zukunft, die lebenswert ist für uns und alle Menschen. Noch zögern wir: Trägt uns der Glaube? Unsere Bewegungen sind noch zaghaft. Dabei, es ist so einfach, es fängt mit dem einfachen Zuhören an, damit, das uns nicht gleichgültig lässt, was in der Welt geschieht, dass wir hinhören, auf ihre Stimme hören, darauf, was diese Frau, was diese Kinder zu sagen haben. Daraus wird alles Weitere fast wie von allein folgen.

> Der Herr gibt sein Volk nicht auf,
> er lässt die Ausgebeuteten nicht ohne Schutz.
> Eines Tages wird die Gerechtigkeit
> wieder in die Gerichtshöfe einziehen,
> und die Richter werden gerecht sein.

Amen.

LIED

Deus chama a gente pra'um /
Gott ruft uns Menschen zu (TM 221)

Zum Abschluss

FÜRBITTENGEBET UND VATERUNSER

Hinführung zum Segen

P. In diese Welt gesandt,
in Gottes Auftrag stehen,
der Spur seines Sohnes folgen,
vom Geist der Hoffnung bewegt werden,
dazu sind wir berufen.
Gottes Segen wird uns verheißen.

Lied

Tatanak Mamanaka /
Geht, ihr Männer, geht, ihr Frauen (TM 173)

Segen und Nachspiel

Klage **M1**

S. 1: Wie lange wirst du schweigen, gerechter Gott, der du so viel Lüge und Falschheit siehst im Munde der offiziellen Verteidiger der Gerechtigkeit.

S. 2: Das Volk hat keine Sicherheit mehr und keine Verteidiger. Das Schweigen der Armen ist erkauft worden. Jeden Tag sterben mehr von den Niedrigen: Opfer einer Struktur, die im Voraus organisiert wurde.

S. 1: Dein Volk ist tief traurig, Herr: Es blicken die Menschen mit erzwungener Resignation. Es reden die Menschen mit endlosem Schweigen. Aus ihnen – abgestumpft und gescheitert – spricht der Schmerz, der ihre Brust verbrennt.

S. 2: Zeig, Gott des Volkes, reine Zeichen, neue Zeichen, die Hoffnung schaffen in den Augen der Unterdrückten. Lasse es nicht zu, dass diese Generation von Ungerechtigkeit endgültig überholt wird.

Aus: A. Reiser / P. G. Schoenborn (Hg.), Sehnsucht nach dem Fest der freien Menschen, Peter Hammer Verlag Wuppertal, 1982, S. 90.

Glaubensbekenntnis **M2**

S. 3: Ich glaube an Gott, den Schöpfer des Lebens, der die Schöpfung aufrecht erhält und sie vor Vernichtung bewahrt.

S. 4: Der uns die Aufgabe gibt ,die Schöpfung zu bearbeiten, zu bewahren und zu bereichern. Der uns zu einem Leben des Gehorsams ruft, zu einem Dienst unter den Menschen, der uns leitet durch die Widersprüche und Gegensätze unter den Menschen.

S. 3: Der uns in Jesus Christus den neuen Menschen offenbart, der liebt und für die andern lebt.

S. 4: Der die Ungerechtigkeit und Scheinheiligkeit nicht duldet, der uns vor dieser Gefahr bewahren wird.

S. 3: Der uns zurecht weist und richtet unsere Mittelmäßigkeit.

S. 4: Der uns Kraft gibt inmitten widriger und gefährlicher Umstände zu kämpfen.

S. 3: Der uns im Kampf von jedem Hass befreit.

S. 4: Der zu allen Zeiten Menschen aufstehen lässt, um gegen die Ungerechtigkeit und die Unterdrückung zu kämpfen.

S. 3: Der auch uns Tag für Tag erneuert in der Hoffnung auf sein Reich, das kommen wird:

S. 4: ein Reich der Liebe, das sich heute schon offenbart und das sich in aller Fülle noch offenbaren wird.

A. Reiser / P. G. Schoenborn, a.a.O., S. 166.

Bei den Mineros von Potosi **M3**

Aus der Kulisse, dem Berg von Potosi, sind dunkle Geräusche zu hören, Steine werden geschlagen und aufgeschichtet, Carlos (C.) sitzt an einer Schubkarre vor dem Eingang und wischt sich den Schweiß aus dem Gesicht, die Geräusche verstummen, Orlando (O.), Maria (M.) und Filipe (F.) kommen aus dem Berg, ihre Gesichter sind schwarz, Maria bläst die Kerze in der Lampe, einer primitiven Grubenlampe aus, Orlando schaut nach der Zuckerwasserflasche, er hält sie hoch und schüttelt sie, die drei sehen zu Carlos rüber

C.: Na, wie viel habt ihr geschafft?

O.: 14 Sack. Es hätte mehr sein können, aber es ist so verdammt eng da unten.

M.: Ein halber Meter, höher nicht. Wir kriechen die ganze Zeit. reckt sich Endlich mal wieder stehen können! Ist das eine Plackerei. Morgens um sechs geht's los und um halb drei ist Schluss. Und während der ganzen Zeit nur kriechen und die Säcke füllen, tragen und ausschütten und wieder füllen und wieder tragen ...

F.: Wenn es nicht so nass wäre da unten, guckt euch mal meine Hose an.

sie schauen zu Filipe, dann auf ihre eigenen Hosen

C.: Ich hab' gehört, es ist wieder was eingebrochen da unten.

O.: Ja, aber nicht bei uns. Wir haben es ganz deutlich gehört. Es war im Nachbarflöz. Dieses verdammte Gas! Davor habe ich die meiste Angst. Diesmal haben wir Glück gehabt, aber morgen, da kann es uns treffen.

M.: Wisst ihr noch, das letzte Mal. Da hat es Gino getroffen. Er war immer so fröhlich gewesen. Und er hat so gerne Karten gespielt.

F.: Ich musste auch sofort an ihn denken. Und seinen kleinen Bruder hat es auch erwischt ... und zwei von seinen Freunden. Am Morgen hatte ich noch mit ihnen gesprochen. Verdammt, das hätten genau so gut wir sein können.

O.: Als es donnerte, wollten die anderen rauslaufen, aber der Kolonnenführer hat sie nicht rausgelassen.

F.: Da muss es erst ganz Dicke kommen, wie in der Grube „14. Juli". Drei Jahre habe ich da gearbeitet. Mit elf habe ich angefangen. Mein Vater hat da auch gearbeitet und zwei meiner Brüder. Hunderte sind da zu Tode gekommen. Dann erst wurde sie geschlossen.

Maria schaut auf die Schubkarre

M.: 3½ Pesos gibt es für jeden Sack. Die Erwachsenen bekommen fünf Mal so viel. Das ist ungerecht. Wir arbeiten genauso wie sie.

O.: Genauso viel und genauso hart. Aber wir sind eben Kinder.

M.: Kinder, ja, wenn's ums Bezahlen geht. Und wenn Unfälle passieren, wen trifft es da?

C.: Vor allem die Kinder, aber es sind ja nur Kinder.

M.: Ich habe eine richtige Wut im Bauch! So kann es doch nicht bleiben. Es muss doch einmal anders werden.

F.: Wenn wir was unternehmen, dann schmeißen sie uns raus. Und ich brauche das Geld so nötig für die Familie.

M.: Das geht uns allen so, sonst wären wir nicht hier. Was glaubst du?

O.: Mein Onkel war in der Gewerkschaft. Aber der Patron hat den Gewerkschaftsführer bestochen. 1000 Pesos hat er bekommen und dafür hat er die Gewerkschaft einfach fallen gelassen.

M.: Das alte Lied. Die Dummen sind die Arbeiter. Sie stehen alleine da, ohne Unterstützung. Und wenn sie den Mund auftun, dann werden sie gefeuert.

O.: Und dann haben sie nichts und finden auch keine Arbeit. Also halten sie den Mund.

M.: Aber so kann es doch nicht weitergehen. Wenn die Erwachsenen nicht den Mut haben, wir haben doch nichts zu verlieren, wir sind doch nur ...

C.: ... Kinder!

F.: Eben!

O: Eben darum!

Blechdosen-Berg **M 4**

S. 5: hält eine Blechdose in der Hand Die Blechdose ist ein alltäglicher Gegenstand unserer Wegwerfgesellschaft. Nachdem der Inhalt verbraucht wurde, landet sie unbeachtet im Abfall. Doch dahinter verbirgt sich mehr als nur ein Müllproblem.

S. 6: Ein wichtiger Bestandteil des Blechs ist Zinn. Obwohl es viele nicht wissen: Das Zinn macht die Konservendose zum Symbol für das Leid der Minenarbeiter.

S. 5: „Die bolivianischen Minenarbeiter gehen an verfaulten Lungen zugrunde, damit die Welt billiges Zinn verbrauchen kann. Das Blech enthält Zinn, und das Zinn ist nichts wert; ein halbes Dutzend Personen setzt seinen internationalen Preis fest." (E. Galeano, Die offenen Adern, S. 171)

S. 6: So werden in den Industrieländern große Geschäfte mit dem Metall gemacht, doch die Arbeiter – auch die Kinder – bekommen für ihre harte Arbeit so gut wie gar nichts. Der Lohn ist gering, aber die Gesundheit ist schnell verbraucht.

S. 5: „Von je zwei Kindern, die in der Minenzone zur Welt kommen, stirbt eines kurze Zeit, nachdem es die Augen geöffnet hat. Das andere, das überlebt, wird, wenn es erwachsen ist, bestimmt Minenarbeiter werden. Und ehe es das Alter von 35 Jahren erreicht, werden seine Lungen ruiniert sein." (E. Galeano, ebd.)

S. 6: Ein Beispiel für den verzweifelten Abbau des Zinns ist der so genannte „reiche Berg", der Cerro Rico, in Potosi/Bolivien, in dem einst gewaltige Silbermengen abgebaut wurden. Er ist von mehreren Schächten durchgraben und enthält heute kein bisschen Silber mehr.

S. 5: Heute suchen die Arbeiter das Gestein nach Zinn ab, das damals von den Spaniern als Abfall liegen geblieben ist.

S. 6: Eine alte Frau bezeichnete Potosi einmal als „die Stadt, die der Welt am meisten gegeben hat und am wenigsten besitzt". (E. Galeano, Die offenen Adern, S. 44)

S. 7: Der „Cerro Rico" in Potosi, Symbol eines unermesslichen Reichtums ist zugleich das Symbol für Elend und Unterdrückung. Jede Konservenbüchse erinnert daran. Zeichen dieser Leidensgeschichte stehen auch bei uns in jedem Haushalt. Wir halten sie täglich in der Hand. Wir werden nun zeichenhaft mit den Konservenbüchsen, die Sie mitgebracht haben, den Cerro Rico zubauen. Der Blechdosenberg wird so zum Symbol der Ausbeutung der Minenarbeiter von Potosi.

MANTHOC – Kinder greifen zur Selbsthilfe

M5

Filipe (F.) nimmt von dem Dosenberg eine Dose und macht Anstalten, mit den anderen Fußball zu spielen. Die anderen stellen sich auf, da kommen drei Kinder von der Manthoc-Bewegung (M. 1-3) von rechts

M. 1: Hallo, was macht ihr denn hier?

M: Unsere Schicht ist gerade zu Ende. Wir arbeiten da im Bergbau. Das ist 'ne ganz schöne Schufterei.

O.: Und jetzt wollen wir ein bisschen Spaß haben.

C.: Und was macht ihr? Arbeitet ihr auch?

M. 1: Ja, ich arbeite als Schuhputzer.

M. 2: Und ich verkaufe Zeitungen.

M. 3: Und ich Postkarten und Tonpfeifen, was die Touristen halt so kaufen.

F.: Müsst ihr denn auch arbeiten?

M. 1: Mein Vater wurde vor Jahren arbeitslos. Er hat Mama und uns immer verprügelt. Ich habe noch vier Geschwister. Und eines Tages bin ich von zu Hause abgehauen. Jetzt versuche ich, alleine durchzukommen.

M. 2: Bei uns ist es etwas anders. Unser Vater wurde erst vor kurzem arbeitslos. Und da arbeiten wir nun, um die Familie zu unterstützen.

M. 3: Vielen von meinen Freunden geht es ähnlich. Dann lernte ich Kinder aus der MANTHOC-Bewegung kennen. Die haben uns klar gemacht, dass man weiter kommt, wenn man nicht allein ist, sondern wenn man gemeinsam etwas unternimmt. Deshalb bin ich jetzt auch bei MANTHOC

M.: MANTHOC – was ist das?

F.: Ist das eine Gewerkschaft – oder so etwas?

M. 1: Nein, wir sind eine unabhängige Organisation für Kinder, die arbeiten müssen. Kinder sind immer leichter auszubeuten als Erwachsene. Deshalb müssen wir Kinder zusammenhalten.

C.: Und eure Eltern, die sind damit einverstanden?

M. 2: Naja, viele Eltern sind damit nicht einverstanden, leider. Sie meinen, wir sollten lieber Geld verdienen anstatt unsere Zeit bei den MANTHOC zu vertrödeln.

M. 3: Vielen fällt es eben noch schwer, etwas für die Gemeinschaft zu tun, statt für sich selbst.

M. 2: Wir haben es noch relativ gut. Wir können sogar stundenweise die Schule besuchen. Dort lernen wir lesen und schreiben, aber auch wie wir unser Verhalten ändern können.

M. 1: Zum Beispiel das Konkurrenzdenken, wenn wir unsere Waren auf den Straßen verkaufen.

M. 3: Wir sind ja alle in der gleichen Situation. Und wenn wir uns gegenseitig helfen und unterstützen – dann erreichen wir zusammen mehr: gemeinsam, aber auch jeder einzelne.

O.: Und unternehmt ihr auch etwas gemeinsam?

M. 2: Oh ja, eine ganze Menge. Zum Beispiel das Straßenfest vor drei Wochen. Das hat richtig Spaß gemacht.

M. 1: Und davor haben wir eine Demonstration organisiert. Wir haben für bessere Lebensbedingungen demonstriert und damit auf unsere Situation aufmerksam gemacht.

M. 3: Das alles machen wir ohne die Unterstützung von Erwachsenen. Wir werden alleine über unsere Ziele bestimmen und von niemandem abhängig sein.

M. 1: Wir wollen zu Kindern gehen, denen es noch schlechter geht als uns. Deshalb sind wir auch bei euch.

M. 2: Schließt euch uns an. Oder gründet unter euch Minenkindern eine eigene Organisation.

M. 3: Wir werden euch dabei helfen, wenn ihr wollt.

Dienstmädchen auf Probe

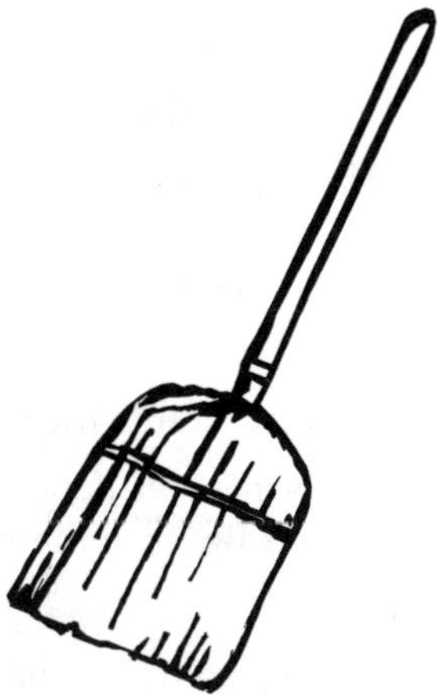

Leitgedanke

Ausbeutung der Frauen in Lateinamerika

Biblischer Bezug

Magnifikat – Lukas 1,46-55

Personen

Pastor/in, Lektor/in, 12 Sprecher/innen

Vorbereitung

Sprecher/innen und Spieler/innen erhalten Kopien von **M1-5**, markieren, sprechen ihre Texte und proben ihre Rollen. Für die Spielszene ist ein festlich gedeckter Tisch vorzubereiten.

Literatur/Hinweise:

Ekkehard Launer: Dienstmädchen. Die unsichtbaren Dienerinnen der Welt (Zum Beispiel), Göttingen 1995.
Gudrun Pausewang, Der Streik der Dienstmädchen, Ravensburg 1979.

Die Situation der Dienstmädchen greift Gudrun Pausewang in ihrem Buch über einen fiktiven Streik der Dienstmädchen auf. Damit macht sie auf die Ausbeutung und Unterdrückung vieler Mädchen in Lateinamerika aufmerksam, deren Schicksal zumeist verschwiegen wird. Dieser Gottesdienst greift das Thema des Buches auf, spielt aber eine andere fiktive Situation durch mit dem Ziel, über die Situation der Dienstmädchen zu informieren und auf Möglichkeiten der Veränderung hinzuweisen.

Zum Anfang

VORSPIEL UND BEGRÜSSUNG

LIED

Cantai ao Senhor / Singt Gott, unserm Herrn (TM 3)

EINGANGSWORT

Text

Meditation in einer Stadt (**M 1**)

Carlos Mugica geht in die Straßen Argentiniens und sieht die Kinder in den Slums. Ihre Not wühlt ihn auf. Er will ihnen beistehen und bittet Gott um Hilfe.

Text

Herr, werde Mensch auf dieser armen Erde (**M 2**)

Neben der Klage steht die Vision einer gerechten Welt. Der Psalm aus Brasilien nimmt die Sprache der Propheten auf.

Text

Du, Herr, bist die Freude in meinem Leben (**M 3**)

Von der Hoffnung ist es nur ein kleiner Schritt zum Lob und zur Freude. Wer auf dem Weg zur Wahrheit, zur Gerechtigkeit und zum Frieden ist, darf sich des Beistandes Gottes sicher sein.

Lied

Glorai a Dios / Ehre sei Gott (TM 56)

Hinführung zur Lesung

P: Zwischen Not und Hoffnung leben und glauben sie, sie leiden am Unrecht und kämpfen für Gerechtigkeit, sie erfahren in Gott ihren Herrn, der sich auf ihre Seite gestellt hat, der die Soldaten des Pharaos ins Meer gestürzt hat, dessen Sohn ein Flüchtlingskind war, dem die Menschen zeitlebens nach dem Leben getrachtet haben. Und von dem dennoch seine Mutter das Lied von der neuen Hoffnung angestimmt hat.

Lesung

Lukas 1,46-55

Glaubensbekenntnis

Lied

Tua Palavra na vida / Gottes Wort erfüllt sich (TM 89)

Zum Hineinkommen

Spielszene

Dienstmädchen auf Probe (**M 4**)

In der Mitte steht ein festlich gedeckter Tisch, dort ist das Esszimmer der Dienstherren. Die übrigen Gespräche finden rechts und links davon statt.

Die Spielszenen bewegen sich auf zwei Ebenen. Das Gespräch zwischen Mutter und Tochter rahmt die eigentliche Handlung. Ein Flugblatt über die Situation der Dienstmädchen gibt den Anstoß. Die Mutter erinnert sich an ihre Zeit als Dienstmädchen, was früher auf dem Lande eine durchaus übliche Tätigkeit war. Aber die Tochter interessiert mehr die Situation der Mädchen heute. Sie macht einen räumlichen Sprung und findet sich selbst als Dienstmädchen wieder und erlebt am eigenen Leib die Situation. Das Gespräch mit einer Gewerkschafterin zeigt eine Möglichkeit, die Lage der Frauen zu verändern. Aber sie brauchen auch Unterstützung von Außen.

SPRECHTEXT

Stimmen der Dienstmädchen (**M 5**)

Die Spielszene gibt eine fiktive Situation wieder, aber sie greift Momente auf, die durchaus real sind. Die Auswahl einzelner authentischer Stimmen der Dienstmädchen dokumentiert dies und ergänzt weitere Aspekte der Ausbeutung der Mädchen.

LIED

Help us accept each other / Einander aufzunehmen (TM 224)

Zum Weiterdenken

Pastor/in erzählt aus dem Leben der Maria Calderon, eine fiktive Person und eine ebenso fiktive Situation und dennoch hat sie viel mit der Lebenswirklichkeit der Frauen in Südamerika gemeinsam. Ihre Wünsche und Sehnsüchte berühren sich mit denen der Maria aus Nazareth, deren Gesang ein Lied der Hoffnung auf Gerechtigkeit ist. Aber Maria Calderon hat nicht viel Zeit zum Träumen, das Lied der Maria von Nazareth aber bleibt in der Welt und wartet auf seine Erfüllung.

> Maria Calderon kam als viertes Kind zur Welt, und in dem kleinen Dorf, in dem sie geboren ist, wuchs sie auch auf. Und obwohl sie erst vierzehn Jahre alt ist, kommt ihr diese Zeit unendlich fern vor. Wenn sie die Augen schließt, dann sieht sie das Land, diesen kargen Boden, dann spürt sie den Wind, und wenn sie tief atmet, dann weiß sie wieder, wie dünn die Luft ist so weit oben in der Höhe.
>
> Nur für einen Moment ist sie dann wieder zu Hause, bei den Eltern, bei den Geschwistern, bei den Freundinnen. Nur für einen Moment, denn dann muss sie wieder aufpassen, in den Straßen von La Paz darf man nicht träumen, da muss man auf der Hut sein, da muss sie sich beeilen. Die Senorita kann so launenhaft sein und sie darf alles, nur nicht ihre Stellung verlieren. Sie lebt von den paar Pesos und auch die Familie, es ist wenig, es könnte noch weniger sein, es könnte gar nichts sein. Sie weiß es.

Aber wenn Maria Calderon träumt, dann gehen die Träume in die Vergangenheit, dann reichen sie auch mal in die Zukunft. Dann sind es Träume einer anderen Welt, Träume, die alles umkehren, die den Kleinen, den Mädchen wie sie, den Dienstmädchen, Recht verschaffen. Ob das richtig ist, ob man so denken, ob man so überhaupt träumen darf?

Wüsste sie etwas von der anderen Maria, die vielleicht wenig älter war als sie, aber dieselbe Sehnsucht in sich spürte, die Sehnsucht nach Recht und Gerechtigkeit, wenn sie ihr Lied kennen würde, sie würde es singen wie sie. Maria die Dienerin, sie singt es, sie ruft es, ja sie schreit es zum Himmel: Jetzt hebt er seinen gewaltigen Arm und fegt die Stolzen weg samt ihren Plänen. Jetzt stürzt er die Mächtigen vom Thron und richtet die Unterdrückten auf. Den Hungernden gibt er reichlich zu essen und schickt die Reichen mit leeren Händen fort. (Lukas 1,51-53)

Ob das sein darf? Ob sie das sagen, denken, ja träumen darf? Sie die Maria Calderon, benannt nach eben jener Maria, die so mächtig das Lob auf ihren Herrn angestimmt hat. Ist das dieselbe, die so demutsvoll schaut, die so milde lächelt, so hoheitsvoll auf sie herabschaut? So sieht die Maria in der Kirche aus, vor der die Senora allwöchentlich die Kerze anzündet. Ist das dieselbe, die gesagt hat, dass Gott die Unterdrückten aufrichtet und Gerechtigkeit schaffen wird? Wer ist die richtige Maria? Wer ist Maria?

Maria Calderon hat wenig Zeit zu träumen, wenig zu hoffen. Sie arbeitet von der Frühe bis in den Abend hinein, sie arbeitet Tag um Tag. Sie weiß nichts von der anderen Maria und ihrem Lied, sie ahnt nicht, dass das in der Bibel steht.

Sie nicht, aber andere; viele nicht, aber wir. Wollen wir aber, dass alles umgedreht wird, dass arm reich wird und reich arm? Ist das gerechter, ist das Recht? Wir werden protestieren, mit Recht, aber ist das andere denn gerecht? Da protestieren wir nicht.

Und dazwischen, da gibt es noch sehr viel. Da gibt es Dienstmädchen, die tun sich zusammen; die wissen, nur gemeinsam haben sie eine Chance. Sie verändern die Welt, nicht gewaltsam, nicht mit Macht, aber spürbar, nicht gewaltsam, aber Schritt um Schritt. Vielleicht wird auch sie sich ihnen anschließen, die Bewegung braucht jede, auch sie, gerade sie.

Sie braucht die Maria und ihre Sehnsucht nach Gerechtigkeit, den Mut, den Willen und die Entschlossenheit zur Veränderung. Diese Maria ist das Bild der neuen Frau, sie steht auf Seiten der Unterdrückten, sie will Gerechtigkeit, sie ist die Prophetin der neuen Zeit. Man hat anderes aus ihr gemacht, hat ihren Gesang vertont und in wunderbare Melodien gefasst, aber den Text hat man vergessen.

Das Lied der Maria wird wieder angestimmt in La Paz und in Lima, in den Städten und in den Bergen. Und es ist wieder der alte Gesang, der mit einem Mal so ganz neu erklingt. Weil die Hoffnung mit Leben erfüllt ist, weil Lieder etwas verändern können, weil der Glaube an der Zukunft festhält.

Sie machen die ersten Schritte, sie gehen ihren Weg, ihr Leben darf nicht in der Sackgasse enden. Darum reicht ihre Hoffnung weit, über den Atlantik bis zu uns. Das Lied der Maria, das kennen auch wir, das ist eigentlich auch unser Lied. Das sollten auch wir wieder hören und singen, mit ihnen singen. Sie werden es schaffen, gewiss, sie brauchen Mut und wohl auch Geduld, Entschlossenheit und bisweilen auch Geschick, sie brauchen aber auch unsere Solidarität und unsere Unterstützung. Sie brauchen Organisationen, die für ihre Rechte eintreten, bei sich vor Ort und auch bei uns. Terre des Hommes unterstützt die Bewegung der Dienstmädchen, denn sie ist ein Baustein für eine menschlichere Welt, für eine Welt, wie Gott sie will. Sie brauchen unsere Mithilfe, unsere Entschlossenheit und auch unsere Hoffnung.

Maria Calderon zuckt zusammen, neben ihr hupt ein Auto, sie muss sich beeilen. Sie ist vierzehn Jahre alt und sie hat noch fünf Geschwister und zwei sind noch jünger als sie. Der Tag ist noch lange nicht zu Ende und der Weg ist noch weit. Amen.

LIED

Danos un corazón / Gib uns allen ein Herz (TM 228)

Zum Abschluss

FÜRBITTENGEBET UND VATERUNSER

LIED

Tatanak Mamanaka / Geht, ihr Männer, geht, ihr Frauen (TM 173)

HINFÜHRUNG ZUM SEGEN

P. Der Glaube wird uns den Weg weisen,
die Liebe wird die Welt verändern,
die Hoffnung wird den Mut erhalten,
Gottes Segen wird uns geleiten.

SEGEN UND NACHSPIEL

Meditation in einer Stadt **M1**

P.: In die Städte ziehen sie, in die Städte werden sie gelockt und auch verkauft, die jungen Mädchen vom Land, unerfahren, voller Hoffnung. Carlos Mugica ist durch die Straßen Argentiniens gegangen. „Meditation in einer Stadt" heißen seine Gedanken:

S. 1: Herr, verzeih mir, dass ich mich daran gewöhnt habe, die Kinder, die 8 Jahre sind, als Dreizehnjährige anzusehen.

S. 2: Herr, verzeih mir, dass ich mich daran gewöhnt habe, zum Slum zu gehen; ich kann wieder weggehen, sie aber nicht.

S. 1: Herr, verzeih mir, dass ich mich an den Gestank der Abwässer gewöhnt habe, von denen ich mich entfernen kann, sie aber nicht.

S. 2: Herr, verzeih mir, dass ich Licht anmachen kann, diejenigen aber, die das nicht machen können, vergesse.

S. 1: Herr, ich kann einen Hungerstreik machen, aber sie nicht, denn hungernd kann keiner einen Hungerstreik machen.

S. 2: Herr, verzeih mir, dass ich ihnen sagen muss, der Mensch lebt nicht allein vom Brote, aber nicht alles daran setze, dass sie ihr tägliches Brot bekommen.

S. 1: Herr, ich will sie lieben, aber nicht für mich. Hilf mir.

S. 2: Herr, ich träume davon, für sie zu sterben. Hilf mir aber, für sie zu leben.

S. 1: Herr, ich will bei ihnen sein, wenn die Stunde des Lichts kommt. Hilf mir.

Aus: A. Reiser / P. G. Schoenborn (Hg.), Sehnsucht nach dem Fest der freien Menschen, Peter Hammer Verlag Wuppertal, 1982, S. 66.

Herr, werde Mensch auf dieser armen Erde **M2**

P: Die Gebete der Menschen in Lateinamerika kennen die Not, das Leid und das Elend. Das Leben hat ihrem Alphabet diese Worte gelehrt. Und doch ist ihr Glaube erfüllt von der Hoffnung, von der Sehnsucht, von der Liebe zu Gott. Herr, komme wieder, so ruft der Psalm der Hoffnung aus Brasilien, so betet und bittet er für unsere Erde.

S. 3: Herr komme wieder und werde Mensch auf dieser armen Erde, in diesem Land, das nur Elend kennt und wo die Wahrheit nicht regnet.

S. 4: Komme und zünde die Lichter an, welche die Selbstsucht ausgelöscht hat. Komme und streue die Hoffnung aus auf den vertrockneten Feldern.

S. 3: Komme und bezwinge die Hochmütigen, auf ihren für die Ewigkeit gebauten Thronen, und gib den von Leid Gebeugten die Würde ihrer Arbeit zurück.

S. 4: Komme wie das Licht der Morgenröte nach einer endlosen Nacht und erleuchte die Wege, wo man sich verkennt.

S. 3: Komme und führe die Menschen zusammen rund um denselben Herd. Und brich neue Pfade dem Blut unserer Adern.

S. 4: Herr, komme wieder, und werde Mensch auf dieser armen Erde, in diesem Land, das nur Elend kennt und wo die Wahrheit nicht regnet.

Aus: A. Reiser / P. G. Schoenborn, a.a.O., S. 82.

Du, Herr, bist die Freude in meinem Leben **M3**

P: Und daran glauben die Menschen in Lateinamerika, manchmal auch gegen den Augenschein, dass der Herr, der Erlöser, bei ihnen ist und ihr Leben verwandelt, verwandelt zu einem Leben in Freude. Wir sprechen:

Alle: Du, Herr, bist die Freude in meinem Leben.

S. 5: In den Tagen der Angst und der Einsamkeit, bei schwierigen Übergängen und in Bedrängnis, gibst du, Herr, mir Stärke.

Alle: Du, Herr, bist die Freude in meinem Leben.

S. 6: Im Kampf für Wahrheit und Gerechtigkeit, im Einsatz und in der Enttäuschung, machst du, Herr, mich gewiss.

Alle: Du, Herr, bist die Freude in meinem Leben.

S. 5: Wenn ich traurig bin oder wenn ich lache, bei den alltäglichen Dingen und bei der Arbeit, bist du, Herr, mein Begleiter.

Alle: Du, Herr, bist die Freude in meinem Leben.

S. 6: Immer bist du, Herr, die Freude in meinem Leben und der Friede auf meinem Weg.

Alle: Du, Herr, bist die Freude in meinem Leben.

Aus: A. Reiser / P. G. Schoenborn, a.a.O., S. 41.

Dienstmädchen auf Probe **M4**

Gespräch zwischen Mutter (M.) und Tochter (T.)

M.: Was liest Du denn da?

T.: Das ist ein Handzettel – den habe ich eben an einem Stand mitgenommen. Da steht was über Dienstmädchen in Lateinamerika drin. Sag mal, warst Du früher nicht auch mal Dienstmädchen?

M.: Ja, früher war es üblich, „in Stellung zu gehen". Wir konnten ja nicht lange zur Schule gehen und mussten zusehen, dass wir selbst Geld verdienten. Mir ging es noch relativ gut dabei. Ich bekam ein paar Mark und hatte sonntags den ganzen Tag frei.

T.: Nur einen Tag frei?

M.: Das war schon viel. Meine Freundin hatte nur Essen und Schlafen frei und bekam keine einzige Mark dazu. Außerdem musste sie auch sonntags arbeiten. Manchmal bekam sie einen Nachmittag frei. Dazu kam noch, dass der Hausherr ihr ständig nachstellte. Sie durfte sich nicht wehren, sonst hätte sie ganz auf der Straße gestanden. Sie tat mir immer sehr Leid.

T.: Das war ja schlimm. Ob es den Dienstmädchen in Lateinamerika heute immer noch so ergeht?

Tochter (T.) begegnet Dienstmädchen (D.)

D.: Nun, ich lebte mit meiner Familie auf dem Land. Eines Tages kam eine Frau zu uns, die versprach meinen Eltern, sie wolle mich zu reichen Leuten bringen. Dort sollte ich der Señora helfen und dürfte zur Schule gehen. Meine Eltern bekamen uns sechs Kinder kaum satt, darum stimmten sie zu. Ich war erst elf Jahre und hatte Angst, von zu Hause weg zu gehen. Aber ich wollte so gern zur Schule.

T.: Gibt es denn hier keine Schulpflicht?

D.: Doch, aber meine Eltern hatten kein Geld für Schulbücher, Hefte und Stifte. Darum freuten wir uns, dass ich zur Schule gehen dürfte. Dann hätte ich einen Beruf lernen können und meine Eltern unterstützen können. Aber man hat uns belogen. Ich musste von morgens sechs bis spät abends im Haushalt arbeiten. Noch nicht einmal sonntags bekam ich frei. Und zur Schule durfte ich natürlich auch nicht.

T.: Das ist ja gemein. – Deine Stelle ist jetzt ja frei. Ich will mal mein Glück versuchen.

Bei den Dienstherren: der Senor (S.) und die Senora (Sa.) sitzen zu Tisch

S.: Du willst also unser neuer Dienstmädchen sein. Hoffentlich stellst Du Dich nicht so ungeschickt an. Ihr vom Land taugt doch alle nichts.

Sa.: Erst muss ich sie wieder so lange anlernen. Darum gibt es das erste Jahr sowieso nur Essen und Schlafen frei.

T.: Bekomme ich denn keinen Lohn?

S.: Lohn willst Du haben? Sei froh, wenn ich Dich überhaupt einstelle. Es stehen genug auf der Straße.

T.: Bekomme ich denn wenigstens einen Arbeitsvertrag?

Sa.: Wir werden Dir schon sagen, was Du zu tun hast. Und jetzt geh endlich in die Küche.

Gespräch zwischen Tochter (T.) und Dienstmädchen (D.)

T.: Warum sitzt Du denn hier so traurig herum?

D.: Ach, meine Señora hat mir eben die Stelle als Dienstmädchen gekündigt, weil ich nach dem Lohn gefragt habe.

T.: Wie? Der steht Dir doch zu, wenn Du für sie gearbeitet hast.

D.: Ich habe fast zwei Jahre nur für Essen und Schlafen gearbeitet. Mittlerweile mache ich den ganzen Haushalt für die Señora alleine. Da dachte ich mir, dass mir Lohn zusteht, auch wenn sie mich als Ziehkind geholt haben.

T.: Was ist denn ein Ziehkind?

Gespräch zwischen Tochter (T.) und Gewerkschafterin (G.)

T.: Puh, bin ich geschafft. Die letzten Tage bin ich von morgens bis spät abends von der Señora herkommandiert worden. Immer wenn ich etwas falsch machte, schrie sie mich an. Letzte Nacht hat sie mich sogar eingesperrt, weil sie meinte ich hätte ihren Ring gestohlen. Sie hatte ihn aber selbst falsch weggelegt. Zum Glück hat sie ihn heute morgen gefunden, sonst hätte sie mich bestimmt zur Polizei gebracht. Man wird wie der letzte Dreck behandelt. Das kann man sich doch nicht gefallen lassen!

G.: Hallo, Du bist neu hier in der Gegend, nicht wahr?

T.: Ja, seit ein paar Tagen arbeite ich dort drüben als Dienstmädchen. Das ist ja eine Schinderei. Und dann hört man nur Gemeinheiten.

G.: Darum bin ich der Gewerkschaft beigetreten.

T.: Was wird denn von dort für die Dienstmädchen gemacht?

G.: Hier, in diesem Faltblatt steht ein wenig über unsere Arbeit.

T.: Das kenne ich von zu Hause. Erzähl doch mal ein wenig über eure Ziele.

G.: Wir wollen erreichen, dass wir Arbeitsverträge bekommen, in denen Arbeitszeiten, Urlaubstage, Krankenversicherung und sonstige Dinge geregelt sind. Wir wollen, dass wir keinen Misshandlungen mehr ausgesetzt sind und auch nicht mehr von den Hausherren missbraucht werden. Außerdem werden Kurse im Kochen, Erste Hilfe, Unfallverhütung usw. durchgeführt. Dadurch sind wir besser ausgebildet und finden besser bezahlte Arbeit. Und unsere Selbstachtung wird gestärkt. Denn häufig werden wir von den Señoras als dumm und faul beschimpft, nur weil wir vom Land kommen.

T.: Das habe ich auch zu spüren bekommen. Ich hoffe, Ihr findet viele Mädchen, die Mut haben bei euch mitzumachen.

G.: Das hoffe ich auch. Und ich hoffe, dass wir von anderen Ländern weiterhin unterstützt werden.

T.: Ich werde zu Hause jedenfalls eurer Situation berichten.

Tochter (T.) und Mutter (M.)

M.: Wo kommst Du denn her?

T.: Ich habe eine weite Reise gemacht. Ich habe jetzt eine Ahnung davon bekommen, wie es euch früher erging und wie es den Dienstmädchen in vielen Ländern heute noch ergeht. Und jetzt weiß ich auch, wie wichtig es ist, die Arbeit von solchen Organisationen zu unterstützen.

Stimmen der Dienstmädchen **M5**

Text 1: Ich bin aus den Bergen gekommen, weil sie mich betrogen haben, denn sie haben mir erzählt, in Lima würde man gut bezahlt und es gäbe viele Schulen, in denen es Spaß machen würde, etwas zu lernen.

Text 2: Mit sieben Jahren habe ich angefangen zu arbeiten. Die Señora gab mir die Kleider ihrer Tochter, und ansonsten blieb ich ohne Lohn. Mein Vater hatte ein Papier unterschrieben und ich war machtlos. Ich durfte nicht aus dem Haus, denn ich war ja noch nicht volljährig und musste diesen Vertrag einhalten. Ich musste von morgens fünf Uhr bis nachts um zwölf arbeiten.

Text 3: Immer wurde ich als Bauerntrampel beschimpft, der nicht kochen könne. Ich schlief auf dem Boden bei den Hunden wie ein Tier, nein, schlechter.

Text 4: Ich wurde von dem Sohn der Señora vergewaltigt und trug das Kind aus. Es ist heute fünf Jahre alt. Die Señora hat mir gedroht: „Wenn du von uns weggehst, werden wir dir dein Kind wegnehmen. Also blieb ich, um das Kind nicht zu verlieren."

Text 5: Abhängigkeit wird auch erzeugt, wenn die Dienstmädchen als Patenkind zu den Herrschaften kommt. Das trifft vor allem die kleinen Mädchen, die mit sieben, acht, neun Jahren in die Stadt gebracht werden. Die bekommen keinen Lohn und werden als Verwandte ausgewiesen und müssen mehr arbeiten, als sie verkraften können.

Text 6: So eine „Patenschaft" ist eine wichtige Form, wie die Compañera in Abhängigkeit gehalten werden. Die Compañera verliert alle Bezüge zu ihrer Herkunft und gleichzeitig sagt sie sich: „Ich bin Patenkind und nicht Dienstmädchen." Sie verachten ihre Kultur, ihre Eltern. Sie hat eine andere Wertschätzung in den Kopf gepflanzt bekommen.

Text 7: Sie halten uns auch abhängig über die Einsamkeit. Unsere Familien sind weit weg in den Bergen. Sie sagen: „Wo willst du denn schon hingehen? Du hast doch niemanden, also bleibst du schön brav bei uns." So versuchen sie, uns davon abzuhalten, eine bessere Stellung zu suchen.

Text 8: Wenn gar nichts mehr geht, dann zeigt uns die Señora bei der Polizei an. Oder wenn etwas verloren geht, dann beschuldigen sie uns sofort, dass wir es gestohlen hätten. Und dann ab ins Gefängnis, denn wir haben weder Geld noch Verwandte, die unsere Verteidigung in die Hand nehmen könnten.

Mit anderen Augen

Symbol
Coca-Pflanze

Leitgedanke
aus der Sicht der Betroffenen
Sehen lernen

Biblischer Bezug
Lukas 10,30-37

Personen
Pastor/in, Lektor/in, 11 Sprecher/innen und Spieler/innen

Materialien
- Stehtisch mit Zeitung
- Flechtkörbe
- Dia „Coca-Pflanze“
- Diaprojektor und Leinwand
- „schlichte“ Kleidung

Vorbereitung
Sprecher/innen und Spieler/innen erhalten Kopien von **M 1–5** markieren, sprechen ihre Texte und proben ihre Rollen.

Im Altarbereich ist ein Stehtisch aufzubauen, auf dem eine Zeitung liegt. Auf der anderen Seite stehen mehrere geflochtene Körbe. Ein Diaprojektor, der das Bild einer Coca-Plantage projiziert (s. Literatur), und eine Leinwand sind evtl. ebenfalls aufzustellen. Die „Coca-Bauern“, die in der Spielszene mitwirken, tragen schlichte und grobe Kleidung.

Literatur/Hinweise:
- Im Schatten der heiligen Pflanze. Boliviens Cocabauern klagen an, hg.v. Gernot Schley, Bad Honnef 1992.
- Im Schatten der heiligen Pflanze. Bei einer Campesino-Familie in Bolivien (Videofilm), Aachen 1993.
- Fritz-Georg Kersting: Coca ist nicht Kokain (Misereor-Materialien für die Schule Nr. 16), Aachen 21993.
- Coca ist nicht Kokain (Diaserie), Aachen 1992.

Probleme verändern sich mit der Sichtweise. Diese Erkenntnis ist zwar banal, aber sie hat Konsequenzen. Das Gleichnis vom barmherzigen Samariter handelt von den Folgen des Glaubens. Es steht im Mittelpunkt dieses Gottesdienstes, der einen Perspektivenwechsel vornimmt. Wir sind es medienbedingt gewohnt, das Drogenproblem aus der Sicht der Industrieländer zu sehen und zu beurteilen. Der Gedanke, die Drogen im Erzeugerland zu bekämpfen, ist verlockend. Allerdings wird dadurch mit anderen Mitteln die Politik der ehemaligen Kolonialmächte fortgesetzt. Auf die Kultur der Völker wird ebenso wenig wie auf ihre soziale Situation Rücksicht genommen. Ohne die Zusammenhänge allzu sehr zu vereinfachen, wird in diesem Gottesdienst versucht, das Thema „Coca – Kokain" aus der Sicht der Coca-Bauern aus Bolivien zu schildern. Die Äußerungen in der Spielszene entstammen Berichten, in denen Coca-Bauern ihre Situation schildern.

Zum Anfang

VORSPIEL UND BEGRÜSSUNG

LIED

Morning has broken / Morgenlicht leuchtet (M 201)

EINGANGSWORT

TEXT

Psalm vom Frieden (**M 1**)

Dieser Text aus Brasilien ist den Psalmen nachempfunden. Er kündet eine Zeit der Veränderung an, nicht durch Gewalt, nicht von außen, sondern das friedliche Handeln einfacher Menschen.

TEXT

Gott, schicke uns engagierte Menschen (**M 2**)

Die Veränderung braucht engagierte Menschen, die „frei, spontan und standhaft, zärtlich und stark" sind. Das Gebet aus Guatemala bittet darum. Nur wenn es diese Menschen gibt, ist die Erneuerung der Gesellschaft möglich.

HINFÜHRUNG ZUR LESUNG

P.: Nachfolge heißt der Weg, zu dem wir berufen sind. Wir folgen den Spuren unseres Herrn, den Weg des Leidens. Jesus Christus ist diesen Weg gegangen, um das Leiden zu überwinden, um der Angst und der Not ein Ende zu bereiten. Wir hören die Worte der Nachfolge aus dem Lukasevangelium, aus dem 9. Kapitel.

LESUNG

Lukas 9,23-26

GLAUBENSBEKENNTNIS

LIED

Llamado soy de Dios / Ich kenne Gottes Ruf (TM 226)

Zum Hineinkommen

SPIELTEXT

Drogenberichte (**M 3**)

Ausgangspunkt des Gesprächs ist die Drogenproblematik Deutschland. Kokain macht einen Teil des Drogenkonsums aus. Es wird über die Form und die Wirkung dieses Rauschgiftes informiert.

LIED

Cantai ao Senhor / Singt Gott, unserm Herrn (TM 3)

SPIELTEXT

Coca und Kokain (**M 4**)

Unsere Medien berichten aus westlicher Sicht, das ist auch bei der Coca-Kokain-Thematik nicht anders. Zweifel an der Objektivität der Berichte kommen auf, man müsste den Standort wechseln.

SPIELTEXT

Auf einer Coca-Plantage (**M 5**)

Einer der beiden Gesprächsteilnehmer geht nach Südamerika, dort begegnet er drei Coca-Bauern, die von ihrer Situation berichten. Im Hintergrund kann das Bild einer Cocaplantage (Diaserie „Coca ist nicht Kokain", Bild 4) eingeblendet werden. Natürlich handelt es sich dabei um eine fiktive Begegnung, aber sämtliche Äußerungen der Campesinos sind authentisch. So gewährt dieses Gespräch einen guten Einblick in die Sichtweise vor Ort.

LIED

Liebe ist nicht nur ein Wort (TM 246)

Zum Weiterdenken

Pastor/in erzählt die Geschichte des barmherzigen Samariters aus der Sicht eines unter die Militärs gefallenen Coca-Bauern.

Das Gleichnis Jesu ist ja nicht nur ein Appell zur Nächstenliebe, die gab es auch schon zur Zeit Jesu, sondern die Aufforderung, die Sichtweise zu ändern. Die Predigt erzählt darum die Geschichte aus der Perspektive des Campesinos und verbindet damit den Appell, zu versuchen die Coca-Kokain-Thematik aus seiner Sicht zu sehen und zu verstehen. Die Sicht „mit anderen Augen" ist der erste Schritt zur Veränderung.

Er war unter die Räuber gefallen und lag am Boden, der Bauer aus dem Chapare. Und der Weg durch das Dickicht war lang und beschwerlich, Die Sonne stand im Zenit und die Luft war schwül. Es würde wohl noch lange dauern, bis ihn jemand vermissen würde, vielleicht bis zum späten Abend oder gar erst in der Nacht. Er fühlte den dumpfen Schmerz, dort, wo der Gewehrkolben ihn getroffen hatte. Er drückte die Hand zur Faust zusammen und verzog dabei sein Gesicht vor Schmerz. Es würde seine Zeit brauchen, bis er den Arm wieder gebrauchen könnte. Er versuchte, sich wieder aufzurichten, aber es gelang ihm nicht. Er hatte ein Gefühl, als hätten sie ihm sämtliche Glieder gebrochen. Er könnte sich mühsam Stück für Stück vorwärts schleppen, auf dem langen Weg zum Dorf. Er käme nicht weit, er war am Ende, ganz am Ende.

Sie haben ihm nicht nur die Glieder gebrochen. Er war stolz, Bauer zu sein, Bauer des Chapare. Wie sein Vater und Großvater, wie alle Generationen vor ihm. Coca haben sie angepflanzt und geerntet, die heilige Pflanze. Schon als Kind ging er mit aufs Feld, pflückte die Blätter in der Hitze des Tages, zog mit dem Vater auf den Markt, mit aufmerksamen Augen und Ohren verfolgte er das Handeln und Feilschen. Und später als junger Mann, begann auch er, Coca zu kauen. Es gehörte zu seinem Leben wie dieses Land, wie seine Musik und die Lieder und die unendliche Weite.

Sie waren viel jünger als er, sie lachten und hielten ihm ihr Gewehr vor das Gesicht. Einer riss ihm den Sack vom Rücken. „Na Bürschchen, da haben wir dich ja." Und bevor er noch etwas sagen konnte, hatte der andere schon zugeschlagen. Mit dem Gewehrkolben schlug er so fest gegen seinen Arm, dass er zu Boden stürzte. Er spürte die Tritte der Armeestiefel und als er es wagte, seine Augen wieder zu öffnen, da sah er nur noch, wie der Jeep weiterfuhr und im Staub verschwand. Die Ernte hatten sie mit aufgeladen, konfisziert, wie es heißt, geraubt – das war die bittere Wahrheit.

„Unter die Räuber gefallen" – und keiner wird kommen, denn diese Wege sind einsam und verlassen, sind unsicher und voller Gefahren. Er wusste es, aber es gab für ihn keinen anderen Weg.

Lesung: Lukas 10,30–37

Unser Mann im Chapare hat weniger Glück, für ihn interessiert sich keiner. Auf seinen Weg tritt nicht einmal ein Samariter. Er ist der Sündenbock für die Mächtigen im Land und für die in Nordamerika und Europa. Und den anderen ergeht es nicht anders als ihm selber, denen im Dorf und im Chapare, in Bolivien und ganz Südamerika, Und darum wird er auf dem Weg liegen bleiben, auf der Strecke bleiben. Was zählt schon sein Leben im Drogenpoker der Welt? Dieser

Überfall macht keine Schlagzeilen, er ist nur ein einfacher Cocabauer im Chapare – zum Täter gemacht und darum für alle ein leichtes Opfer.

Gewiss, er kennt es auch, das Gleichnis vom barmherzigen Samariter. Aber wer spricht schon vom Opfer, wer wirft darauf schon ein Auge? Aber hat Jesus nicht gerade das gemeint. Was allseits als anschauliches Beispiel für tätige Nächstenliebe erzählt wird, ist zunächst die Aufforderung zum Positionswechsel. Nicht darum geht es, dass sich der Samariter gebeugt und Öl und Wein auf die Wunden gegossen hat, das ist alles nur die Folge, die logische Konsequenz. Nein, diese Geschichte geht tiefer, sie geht dem Elend auf den Grund. Der, der sie erzählt, liegt mit dem Mann am Boden, dem brennen die Wunden, dem jammert es. Er sieht die Not mit anderen Augen, er sieht die Welt vom Boden aus, von diesem stauben und dreckigen Boden zwischen Jericho und Jerusalem, auf den Höhen des Chapare und in den Tiefen des Regenwaldes.

Coca – was haben wir damit zu tun? Das Schicksal der Cocabauern – was geht uns das an? Wer von diesen dreien, meinst du, ist der Nächste gewesen dem, der unter die Räuber gefallen war? Es sind nicht einmal drei. Und vielleicht kommt jede Hilfe sogar schon zu spät. Er liegt an den langen Weg der Gleichgültigkeit, des Verdrängens und Vergessens. Wer hat schon ein Auge für ihn, wer hat sein Schicksal schon im Auge. „Mit anderen Augen" – das soll ein Anfang sein, ein erster Schritt, der uns ihm näher bringt, ihm und den anderen Männern und Frauen und den Kindern im Chapare. Zuhören und hinsehen, versuchen zu verstehen, das ist schon viel für jene, die keine Lobby haben, deren Schicksal niemand interessiert, die Spielball geworden für die Politiker und Drogenbosse, für die Militärs im eigenen Land und die Vorurteile der übrigen Welt. Wenn sie aber Solidarität erfahren, wenn Menschen auf ihren Weg treten, sich für ihr Geschick interessieren, nach ihrer Sicht fragen, dann beginnt auch Veränderung, dann ist ihr Weg nicht mehr einsam, dann wird auch niemand mehr auf der Strecke bleiben, dann gehen auch wir auf den Weg des Friedens und Gerechtigkeit, auf Gottes Wegen. Amen.

LIED

Palavra não foi feita / Gott gibt sein Wort nicht dazu (TM 83)

Zum Abschluss

FÜRBITTENGEBET UND VATERUNSER

LIED

Tatanak Mamanaka / Geht, ihr Männer, geht, ihr Frauen (TM 173)

HINFÜHRUNG ZUM SEGEN

P. Wenn uns der Mut fehlt, dann sende deinen Geist,
wenn wir Härte spüren, dann sende deine Liebe,
wenn Zweifel uns quälen, dann stärke unseren Glauben.
Deinen Segen hast du uns verheißen,
wir vertrauen auf deine Gegenwart.

SEGEN UND NACHSPIEL

Psalm vom Frieden **M1**

S. 1: Die Füße der Welt bewegen sich heute auf Asphaltstraßen und beschreiten den Weg der Gewalt. Doch das Herz der Niedrigen ist stärker als der Panzer.

S. 2: Der Friede kommt zu den Menschen nicht von außen, noch wird er mit Hilfe von A-Waffen konstruiert, noch wird er durch Regierungsverträge geschaffen. Er ist gegenwärtig im Herzen des Universums, und alle Dinge streben dem Frieden zu.

S. 1: Er wird mit der Morgenröte ankommen in dieser gequälten und erschöpften Welt. Er wird durch die Hand der einfachen Menschen gebracht, der Niedrigen und Armen der Erde. Er wird durch Kinderhand und begleitet von der Musik mutiger Jugend angekündigt.

S. 2: Er wird Tau sein für diese vertrocknete Erde.

Aus: A. Reiser / P. G. Schoenborn (Hg.), Sehnsucht nach dem Fest der freien Menschen, Peter Hammer Verlag Wuppertal, 1982, S. 180.

Gott, schicke uns engagierte Menschen **M2**

S. 3: Gott schicke uns engagierte Menschen, solche, die sich voll und ganz einsetzen, die sich selbst vergessen,

S. 4: die lieben, nicht nur mit schönen Worten, sondern in Wahrheit und mit Taten, die ihr Leben hingeben, wahrhaftig und restlos.

S. 3: Schicke uns engagierte Menschen, in die Wahrheit verliebt,

S. 4: die den Frieden lieben, mit reinem Gewissen, entschlossen, nie untreu zu sein,

S. 3: freie, spontane und standhafte Menschen, zärtlich und stark.

S. 4: Darum bitten wir dich, im Namen Jesu Christi deines Sohnes und unseres Bruders.

Aus: A. Reiser / P. G. Schoenborn (Hg.), a.a.O., S. 147.

S. 5: Drogen
S. 6: Immer wieder taucht das Thema in den Medien auf.
S. 5: Sicher kennen Sie zahlreiche Drogen.
S. 6: Einige Beispiele sind Heroin, Marihuana, Haschisch, Kokain.
S. 5: Dazu ein paar Fakten:
S. 6: In der zweiten Hälfte des 20. Jahrhunderts stieg die Drogennachfrage stetig an.
S. 5: In den 50er-Jahren gab es überhaupt keine Nachfrage,
S. 6: wobei in den 90er-Jahren die Nachfrage nach Haschisch, Halluzinogenen, Heroin, Kokain, synthetischen Drogen und Kokain-Billigvarainten größer als zuvor war.
S. 5: In den Jahren von 1991 bis 1992 stieg die Zahl der Kokainabhängigen in Deutschland von 2467 auf 2600. Dazu muss noch gesagt werden, dass diese Zahlen nur einen geringen Teil der Gesamtzahl in Deutschland ausmachen.
S. 6: Als die Droge Kokain auf den Markt kam, konnte sie wegen des hohen Preises nicht von jedem gekauft werden.
S. 5: Deshalb trat sie nur in den wohlhabenden Kreisen auf.
S. 6: Aber mit der Zeit sanken die Preise so rapide, dass selbst Schüler auf den Genuss gekommen sind.
S. 5: Sie zahlen für 1 Gramm Kokain zwischen 30 € und 175 €.
S. 6: Es wird in kristalliner oder pulvriger Form auf dem Schwarzmarkt angeboten.
S. 5: Nimmt man Kokain zu sich, werden Ermüdungserscheinungen und Schlafbedürfnis zurückgedrängt sowie Hungergefühle unterdrückt.
S. 6: Siegmund Freud setzte das Mittel bei nervöser Erschöpfung, Hysterie, schwerer Anämie, Schwindsucht und Fieberkrankheiten ein.
S. 5: Die Droge wird auch gern bei Stress genommen.
S. 6: Was bei der Einnahme nicht berücksichtigt wird, ist, dass es bei massiver Überdosierung zu starken Gefährdungen kommt, wie …
S. 5: Krämpfe, Kreislaufstörungen, Atemkollapse, die zu Lebensgefahr führen.
S. 6: Hilfe bieten hauptberufliche Drogenberater und Drogentherapeuten an, ambulant oder stationär.
S. 5: Über die Drogenbekämpfung wird viel gestritten und diskutiert.
S. 6: Soll man sie weiterhin verbieten …
S. 5: oder freigeben,

S. 6: Ersatzdrogen wie Methadon einsetzen ...
S. 5: oder die Drogen kontrolliert abgeben.
S. 6: Wichtig ist die Information,
S. 5: Gespräche, Beratung und Veranstaltungen.

Coca und Kokain **M4**

Auf der rechten Seite des Altarbereiches befindet sich ein Stehtisch, an dem Sprecher 7 mit einer Zeitung steht. Sprecher 8 kommt dazu, Sprecher 7 legt die Zeitung auf den Tisch

S. 7: Hast du schon die Zeitung gelesen? Auf Seite 3 steht mal wieder eine Meldung über einen Kokain-Fund. Die USA will noch stärker gegen den Coca-Anbau vorgehen. Wird aber auch Zeit. Sag mal, du hast dich doch mit den Drogen beschäftigt. Was ich mich schon immer gefragt habe: Besteht Kokain eigentlich nur aus Coca-Bättern?
S. 8: Nein, so einfach ist das nicht. Kokain enthält auch noch Kerosin, Schwefelsäure, Kalk und verschiedene andere Chemikalien. Teilweise werden diese Stoffe auch hier in Deutschland hergestellt.
S. 7: Wenn Kokain aus so vielen verschiedenen Stoffen besteht, warum geht man dann immer nur gegen den Coca-Anbau so hart vor?
S. 8: Das ist mir auch nicht so ganz klar. Man müsste eigentlich zu den Coca-Bauern fahren und sie selbst befragen.
S. 7: Von ihnen steht in dem ganzen Bericht kein einziges Wort.

Auf einer Cocaplantage **M5**

Auf der linken Seite des Altarbereiches stehen Körbe, drei Bauern (B. 1-3) machen gerade Pause von ihrer Feldarbeit, S. 8 kommt hinzu

B. 1: Mein Rücken tut schon weh vom langen Bücken. Ich bin ganz schlapp.
B. 2: Wir sind hier auf einem Feld, das sehr hoch liegt.
B. 3: Wie hoch sind wir hier eigentlich?

B. 1: Wir sind hier auf 1.300 Meter. Aber ein bisschen weiter unten liegen ja auch noch Felder. Es ist heute ja auch wieder so warm und schwül.

B. 2: Na ja, bei einer Luftfeuchtigkeit von 90% ist eben alles doppelt anstrengend.

B. 1: Du, da kommt jemand.

S. 8: Guten Tag. Ich komme aus Deutschland und ich möchte den Menschen in meiner Heimat von der Situation der Coca-Bauern berichten. Es gibt starke Bemühungen aus dem Ausland, den Coca-Anbau zu verhindern, damit daraus kein Kokain hergestellt werden kann. Wie stehen Sie dazu?

B. 1: Die Coca ist seit über 5000 Jahren eine äußerst wichtige Pflanze für uns. Wenn man sie uns fortnimmt, wäre es, als nähme man uns unsere kulturellen Wurzeln und unsere Existenz. Wir kauen sie bei der schweren Arbeit, um uns zu stärken. Coca ist in unserer Armut Ersatz für richtige Nahrung. Coca betäubt den Hunger.

B. 3: Die Coca kann für uns auch Medizin sein. Wir nutzen sie bei den verschiedensten Krankheiten. Sie hat viele Mineralien und andere wertvolle Bestandteile.

B. 2: Das ist ja auch schon wissenschaftlich nachgewiesen worden.

S. 8: Kauen Sie die Coca nur bei der Arbeit?

B. 2: Nein, wir kauen die Coca zum Beispiel auch dann, wenn wir Besuch bekommen.

B. 3: Oder bei Feierlichkeiten und Diskussionen. Die Coca gehört eben zu unserem täglichen Leben.

B. 1: Coca ist für uns eine Pflanze mit Tradition.

S. 8: Verstehen Sie, dass Menschen in den USA und Europa Angst vor der Coca haben?

B. 1: Ja, dort hat man die Coca zu Kokain, also zu einer Droge, verarbeitet. Die Coca allein ist keine Droge.

S. 8: Gibt es landwirtschaftliche Alternativen zum Coca-Anbau?

B. 3: Ja, die gibt es schon. Wir haben auch versucht, andere Produkte anzubauen. Aber für Mandarinen zum Beispiel bekommen wir auf dem Markt so wenig Geld, dass unsere Familien davon nicht leben können. Auch ist der Transport aus unserer bergigen Gegend sehr schwierig. Bis wir auf dem Markt sind, sind die Früchte verdorben.

S. 8: Könnte man die Coca eventuell anders nutzen?

B. 2: Ja, ich denke, die Coca könnte vielleicht für medizinische Zwecke erforscht werden, denn sie enthält ja wichtige Stoffe.

B. 3: Man könnte auch andere Produkte herstellen, zum Beispiel Coca-Tee.

S. 8: Warum geht das Ausland Ihrer Meinung nach so hart gegen den Coca-Anbau vor?

B. 1: Ich glaube, es ist nur die halbe Wahrheit. Wir verstehen die Angst der Menschen vor der Droge Kokain. Es gibt militärische Spezialeinheiten, man nennt sie die „Leopardos", die eingesetzt werden, um unsere Coca-Felder zu vernichten. In Wirklichkeit beschlagnahmen sie die Coca-Ernte, um sie selbst zu verkaufen. Weil sie vom Staat so schlecht bezahlt werden, versuchen sie damit ihre Gehälter aufzubessern.

B. 2: Sie zerstören nicht nur unsere Felder, sondern auch uns. Und besonders uns Frauen und Kindern gegenüber sind sie äußerst brutal.

S. 8: Wie sähe die wirtschaftliche Lage ohne den Coca-Anbau aus?

B. 2: Unsere Wirtschaft wäre ohne den Coca-Anbau am Ende. Leider verdienen die mächtigen Wirtschaftsunternehmen und viele Politiker selbst im Rauschgiftgeschäft. Daher bekämpfen sie immer nur den Anbau, um nach außen etwas gegen den Kokainhandel zu tun. Die Herstellung der Chemikalien, die zur Kokainherstellung benötigt werden, wird nicht bekämpft.